從一國歷史
預視世界
的動向

英國，原來如此深奧。

極簡英國史

小林照夫
Kobayashi Teruo

楓樹林

前言

英國是什麼樣的一個國家？

我們對「英國」這個國家的印象，大概不外乎「建立了議會民主制的國家」、「十九世紀時被稱為『世界工廠』的經濟大國」等等。

但另一方面，世界杯足球賽時你是否會納悶，英國為什麼要分成「英格蘭」、「蘇格蘭」、「威爾斯」、「北愛爾蘭」四支隊伍出賽呢？這與英國的聯合王國體制獨特的歷史淵源大有關係。另外，近年來蘇格蘭等聯合王國的成員國也因為獨立問題，引發了全世界的矚目。對於生活在單一國家的人而言，這不是一件容易搞懂的事。

想要理解曾一度支配了全世界四分之一的土地，被明治時代的日本政府視為仿效對象的這個國家，最好的方法就是認識其民族興亡、宗教與政治的強大連結、克服各種困難建立聯合王國、確立議會民主制與工業社會等一連串的過程。

希望本書能幫助各位讀者真正了解英國這個國家。

小林照夫

歷史冷知識！

英國的4大祕密

為剛接觸英國史的你，介紹意想不到的事實！

Secret 1

英國國王曾經兼任法國國王！

歐洲大陸內最靠近英國的國家就是法國，因此兩國之間往來密切，有時產生衝突，有時則會締結婚姻關係。也因為這樣，曾經有一段時間英國國王也同時是法國國王。

→詳情參照 82 頁

Secret 2

名為「宮殿」，國王卻不住這裡？

「西敏宮」建於十一世紀，是英國代表性的哥德式建築，從名稱來看會讓人以為是國王居住的宮殿，但其實這裡是英國國會的所在地。

→詳情參照 94 頁

Secret 3

為了解決繼承人問題，所以才推動宗教改革!?

英國國王雖然是虔誠的基督（天主教）徒，但由於教宗不允許他離婚，因此他便建立了以自己（國王）為領袖的教會組織。

→詳情參照 95 頁

Secret 4

英國曾經有段時間沒有國王!?

英國給人的印象是從以前開始就一直是由國王統治國家的，但其實也曾有過沒有君主的「共和制」時代。

→詳情參照 129 頁

接下來，就讓我們一起探索英國史吧！

目錄

序章

國情大不相同的兩個島國

「位於歐亞大陸邊陲的島國」這句話或許會讓很多人聯想到日本，但在歐亞大陸的西側，同樣也有一個島國——英國。

英國與日本雖然同為島國，但彼此存在許多差異。日本除了十三世紀的蒙古入侵（元寇）與第二次世界大戰以外，幾乎沒受外敵侵襲過。至於英國，則是從古代開始就受到許多民族攻打、侵略。

其中一項原因在於，英國與歐洲大陸距離非常近。日本的對馬與韓國的釜山之間隔著波濤洶湧的對馬海峽，相距約五十公里。英國與對岸法國距離最短的地方中間則是多佛海峽，相距三十多公里，甚至可以游泳橫渡。換句話說，對馬海峽對日本而言可說是天然的屏障，但多佛海峽的距離並不足以抵禦敵人的侵略。

這本書要介紹的國家我們一般稱為「英國」，但她的正式名稱其實是「大不列顛暨北愛爾蘭聯合王國（The United Kingdom of Great Britain and Northern

不列顛群島與英國

④北愛爾蘭	
位置	愛爾蘭島
面積	1.4萬㎢
人口	約186萬人
首都	貝爾法斯特

②蘇格蘭	
位置	大不列顛島北部
面積	約7.8萬㎢
人口	約540萬人
首都	愛丁堡

③威爾斯	
位置	大不列顛島西部
面積	約2萬㎢
人口	約311萬人
首都	卡地夫

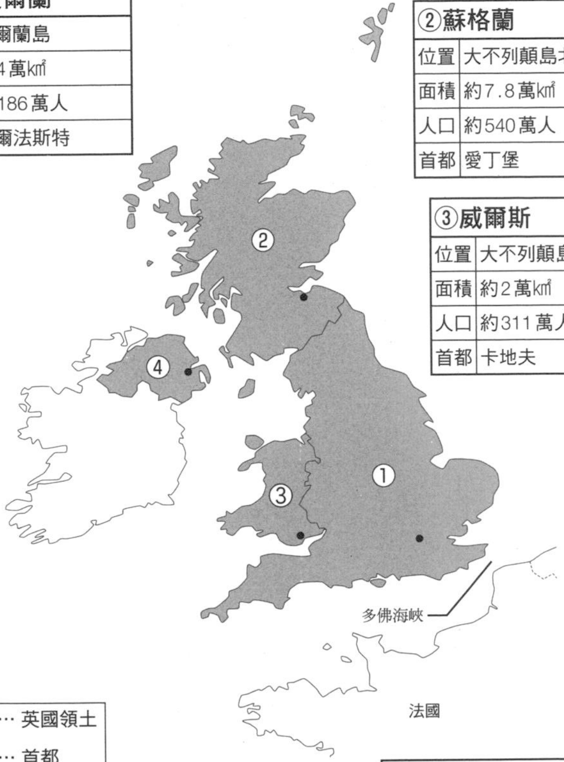

▇▇ …… 英國領土
● …… 首都

①英格蘭	
位置	大不列顛島中部、南部
面積	約13萬㎢
人口	約5527萬人
首都	倫敦

總面積　約24.2萬㎢
總人口　約6565萬人

※各國人口取自「英國國家統計局（2016）」之資訊

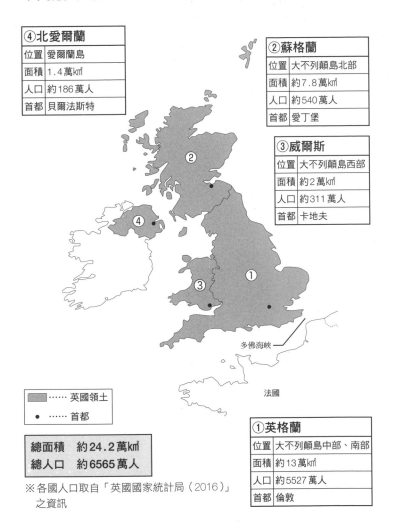

Ireland）」，通常簡稱「聯合王國（The United Kingdom）」或是更簡略的「UK」。之所以叫作聯合王國，是因為英國是由英格蘭、蘇格蘭、威爾斯、北愛爾蘭四個國家所構成，領土主要位在大不列顛島與愛爾蘭島北部。

另外，還有一個以英國為中心，由加拿大、紐西蘭等英國過去的殖民地所組成的國際組織名為「大英國協」，英文名稱是「Commonwealth of Nations」，簡稱「Commonwealth」。

直立的巨大岩石圍成圓圈排列出的「巨石陣」，可說是英國最具代表性的古代遺跡。一般認為，巨石陣是來自歐洲大陸的移民自西元前二八〇〇年前後開始建造的。但這些移民究竟屬於哪一民族，目前仍不得而知，也不清楚他們建造巨石陣的目的為何。有說法認為是宗教設施，也有人推測是觀測天體用。

在經過建造出巨石陣的新石器時代後，不列顛群島進入了青銅器時代。西元前二二〇〇年至西元前二〇〇〇年前後，來自歐陸的「貝爾陶器人（Beaker）」帶來了青銅器。貝爾陶器人這個稱呼的由來，是因為他們會使用形狀類似燒瓶（Beaker）的陶器當作陪葬品。貝爾人憑藉銅製的武器支配了當地原住民。

西元前六世紀前後，具備製鐵技術的「凱爾特人」從歐陸來到了不列顛群島，有一說認為他們是為了尋求錫而前來的。「凱爾特」一詞源自古希臘人對於西歐異文化族群的稱呼——「凱爾托伊（外來者）」。

移民至此的凱爾特人可大致分為「布立吞人」、「蓋爾人」、「貝爾蓋人」。在古羅馬入侵以前，布立吞人是不列顛群島的凱爾特人中勢力最大的一支。蓋爾人則可以進一步分為「皮克特人」與「蘇格蘭人」，居住在現在的蘇格蘭及愛爾蘭。蓋爾人原本住在大不列顛島南部，但被晚來的布立吞人驅趕至北部等地。

凱爾特人沒有文字，使用的語言是凱爾特語，崇拜自然，由名為德魯伊的祭司掌管政治。他們運用鐵製的武器及戰車擊敗了原住民，成為新的統治者，在不列顛群島各地興建城寨，定居下來。

鐵製的農具提升了生產力，據說在西元前一世紀的不列顛群島人口超過二十五萬人。

歐陸的凱爾特人將此時的大不列顛島稱為「阿爾比恩（白色之國）」。這是因為大不列顛島的東南海岸為石灰質所覆蓋，看起來白茫茫的一片。

chapter 1

羅馬帝國的影響

羅馬人入侵！

在歐洲大陸上，古羅馬統一了義大利半島，並在西元前二世紀將勢力擴張到了西歐。

西元前五十八年，古羅馬的高盧總督凱撒遠征高盧地方（相當於現在的法國及比利時等地），平定了貝爾蓋人等反羅馬勢力，三年後又揮軍進攻大不列顛島。由於大不列顛島上也有貝爾蓋人的據點，因此凱撒試圖將其敉平。

據說當時的凱撒甚至不知道大不列顛島是一座島嶼，也不清楚島上住了凱爾特人。有一則逸聞佐證了這件事。羅馬人將居住在北高盧地方的貝爾蓋人稱為「不列塔尼」，並誤以為住在大不列顛島上的「普列塔尼（刺青者之意）」與「不列塔尼」是一樣的，於是將大不列顛島叫作「不列塔尼之地」，也就是「不列顛尼亞」。而居住在大不列顛島的貝爾蓋人也跟著被叫作布立吞人。

凱撒雖然入侵了大不列顛島，但遭布立吞人逼退。隔年，凱撒再度進攻，並率軍進入內陸，壓制了大不列顛島南部的各部落，令其宣誓向羅馬進貢。然而因國內發生政變，兵力及糧食不足的羅馬軍只得從大不列顛島撤退。

不過，大不列顛島並非就此遠離了外敵的威脅。西元前二十七年，凱撒的養子奧古斯都稱帝，古羅馬由共和制轉變為帝制，開始向各地進攻，擴張其勢力。

西元四十三年，皇帝克勞狄烏斯親自率領約四萬名大軍壓境，以壓倒性的武力征服了大不列顛島四分之三的土地。

就這樣，大不列顛島的中部至南部成了羅馬帝國的行省「不列顛尼亞」，並由羅馬帝國派遣的總督管理。

當時的日本

羅馬帝國建立不列顛尼亞行省時，中國也進入了東漢時代。同一時期，被認為過去存在於日本九州北部的奴國，在西元五十七年向東漢派遣了使者。江戶時代曾於志賀島（福岡縣福岡市）發現東漢皇帝作為回禮所授予的金印。

歐陸文化傳入

西元五十年前後，羅馬人在泰晤士河北岸設立了不列顛尼亞的首府，這座城市是以羅馬人填平沼澤興建的城寨為中心所形成。因此，凱爾特人的語言將羅馬統治時期的首府稱為「倫蒂尼恩」（語源有各種說法），也就是「位於沼澤的城寨」之意。這座首府便是日後倫敦的雛形。

羅馬人積極地將自身文化帶到不列顛尼亞行省，產生出「羅馬－不列顛」這個混合了凱爾特文化的社會。倫蒂尼恩建有公共浴場、圓形劇場（競技場）、法庭等設施，施行羅馬帝國的官方語言——拉丁語教育，也促進了凱爾特人羅馬化。大不列顛島上的農村地方開闢了羅馬式的大規模農莊，栽種穀物。在大不列顛島收成的穀物及海產則運往羅馬。

古羅馬修築了超過一百座大小不等的都市當作軍團的城寨，以及運送穀物、士兵用的道路及橋樑，今日在英國各地仍能見到這些道路的遺跡。倫蒂尼恩同時也是連接起這些都市的樞紐。俗話說：「條條大路通羅馬。」在大不列顛島上修築的道路同樣也能從倫蒂尼恩經海路通往首都羅馬。

不過當時也有不在羅馬帝國統治範圍內的地區，那就是大不列顛島的北部。羅馬人一開始將幾乎等同於現在的蘇格蘭，當時的「皮克特人（拉丁語中為身體彩繪者、刺青者之意）」所居住的地方稱為「皮克蘭」。遠征皮克蘭的不列顛尼亞總督看到了樹木茂密的土地，便稱此地為「喀里多尼亞（綠樹林之地）」，後來喀里多尼亞這個名稱便固定了下來。

皮克特人頑強抵抗試圖入侵喀里多尼亞的羅馬軍，並時常反過頭來攻打不列顛尼亞。

為了防禦皮克特人的入侵，羅馬皇帝哈德良於一二二年下令，在大不列顛島北部修築一道橫跨東西，全長達一一八公里的石牆，這道牆在日後被稱為「哈德良長城」。下一任羅馬皇帝安東尼則在哈德良長城的北邊，又另外修築了「安東尼長城」。

羅馬帝國修築的兩道長城

安東尼長城在六十年後遭到放棄，哈德良長城便成了不列顛尼亞最北的疆界。除此之外，哈德良長城也對後來成立的英格蘭王國與蘇格蘭王國的國境產生了重大影響。

統治勢力的更迭

曾經是歐洲霸主的羅馬帝國也迎來了重大轉變。羅馬帝國在三九五年分裂為以首都羅馬為中心的西羅馬帝國，以及以君士坦丁堡（現在的土耳其伊斯坦堡）為中心的東羅馬帝國。

四世紀之後，匈人的西進造成日耳曼民族大遷徙，入侵了羅馬帝國的領土，最終導致羅馬帝國分裂。隨著日耳曼民族的活動日益蓬勃，西羅馬帝國對各地的統治也開始鬆動。大不列顛島同樣受到波及，成為羅馬人退出大不列顛島的一大因素。羅馬人的離開削弱了大不列顛島的防衛力量，皮克特人便越過哈德良長城進逼南部。

四〇九年，西羅馬帝國終於放棄不列顛尼亞，羅馬軍隨之撤離。這個相對和平，被喻為「羅馬治世（Pax Romana）」的時代宣告落幕。來自歐洲大陸的日耳曼部族「盎格魯－薩克遜人」則在羅馬人之後來到了大不列顛島。

盎格魯－薩克遜人是日耳曼部族的「盎格魯人」、「薩克遜人」、「朱特人」的總稱。他們在五世紀前期起的約一百五十年間，因渴求大不列顛島豐饒的土地，於是驅逐了布立吞人，奪取其土地。也有一說認為，盎格魯－薩克遜人是布立吞人內鬥時雇用的傭兵，後來便定居在此。

布立吞人從島中央逃往了西部、北部及歐陸。逃到西部的布立吞人，定居在後來的威爾斯。威爾斯（Wales）這個名稱，是從盎格魯－薩克遜人對布立吞人的稱呼「Wealh（外來者、奴隸）」演變而來的。

被盎格魯－薩克遜人視作異國人並歧視的布立吞人產生反抗之意，並將此表現在以圓桌武士聞名的中世紀騎士故事《亞瑟王傳說》之中。據說故事主角亞瑟王的原型，是五世紀末一名在大不列顛島南部與盎格魯－薩克遜人戰鬥的布立吞武士。

至於在大不列顛島北部的喀里多尼亞，原本居住於此的皮克特人，則與四世紀前後從愛爾蘭島東北部移居過來的「蘇格蘭人」同化。蘇格蘭人（Scots）的名稱是從古愛爾蘭語的「Scotti」而來，這個詞為「破壞」、「掠奪」之意。他們居住的地方便是後來的蘇格蘭。

逃至歐陸的布立吞人落腳在後來的法國布列塔尼一帶。這裡對他們而言，就像是比較小的不列塔尼，因此等同於「小不列顛」。與布列塔尼地方隔海相望的家鄉，就是「大不列顛」了。

另外，在大不列顛島還被稱為阿爾比恩時，隔壁的愛爾蘭島則被叫作「希伯尼亞（海伯尼亞）」，在拉丁語中意為「寒冬之地」。愛爾蘭島的凱爾特民族名為「蓋爾人」，其名稱由來是羅馬人將布立吞人稱作「Gwyddyl」，愛爾蘭島的凱爾特人便借用此稱呼，稱自己為蓋爾（Gael）。

各島的民族分布

<table>
<tr><td rowspan="9">大不列顛島</td><td colspan="2">不列顛尼亞（中部、南部）</td></tr>
<tr><td rowspan="3">盎格魯－薩克遜人</td><td>盎格魯人</td></tr>
<tr><td>薩克遜人</td></tr>
<tr><td>朱特人</td></tr>
<tr><td colspan="2">不列顛尼亞（西部）</td></tr>
<tr><td colspan="2">布立吞人</td></tr>
<tr><td colspan="2">不列顛尼亞（北部）</td></tr>
<tr><td colspan="2">皮克特人</td></tr>
<tr><td colspan="2">蘇格蘭人</td></tr>
<tr><td rowspan="2">愛爾蘭島</td><td colspan="2">希伯尼亞</td></tr>
<tr><td colspan="2">蓋爾人</td></tr>
</table>

蓋爾人從西元前五世紀前後起定居於愛爾蘭島，羅馬雖然沒有將統治範圍擴張至此，但這裡在文化上仍受到了許多羅馬的影響。

不可不知的英國偉人❶

反抗羅馬帝國的女性部落首領

布狄卡

Boudica

（？～61）

為了民族挺身而出

羅馬帝國統治下的不列顛尼亞行省曾發生過數次原住民叛亂，其中以凱爾特人愛西尼部落的首領——布狄卡領導的叛亂規模最大。

叛亂的起因，是原本身為愛西尼部落首領的布狄卡之夫死後，原本應該由布狄卡繼承的土地遭到羅馬帝國奪去，布狄卡及她的女兒也受到了侮辱。

決心復仇的布狄卡號召了周邊部落襲擊倫蒂尼恩，雖然曾經暫時驅離羅馬軍，但後來卻遭到反擊，羅馬帝國最終鎮壓了叛亂。她後來的遭遇則有服毒自盡、遭到處決等各種說法。

受到這次叛亂的教訓，羅馬帝國加強了對行省的管理與統治。

chapter 2

北歐國家的一員

七國時代

西元七世紀前期，盎格魯－薩克遜人取代了布立吞人，統治大不列顛島的中部至東南部。這些盎格魯－薩克遜人統治的地區後來被稱為「英格蘭」。

英格蘭的意思是「盎格魯人的土地」，是從這個時期的統治而來的。因此，現代的蘇格蘭、威爾斯、北愛爾蘭人並不喜歡一概被稱為語源出自英格蘭的「English（英國人）」。

在英格蘭的土地上，出現了許多由首領率領的軍隊修築城寨，農民居住於城寨周圍的國家。在歷經戰爭等事件後，這些國家整併成了七個國家。因此，七至九世紀的英格蘭也叫作七國時代（Heptarchy）。

文化層面在此時也產生了變化。屬於日耳曼民族的盎格魯－薩克遜人對英格蘭的語言帶來了影響，英格蘭開始使用與當時的德語相近的語言，名為「古英語」，這可說是英語的前身。

西元六世紀末，基督教正式傳入大不列顛島。其實基督教在羅馬帝國統治時期便已經在此活動，但由於羅馬人放棄不列顛尼亞，離開了大不列顛島，傳教活動也隨之中斷。因此教宗在五九六年派遣了傳教士，向盎格魯－薩克遜人進行傳教活動。

七國的分布

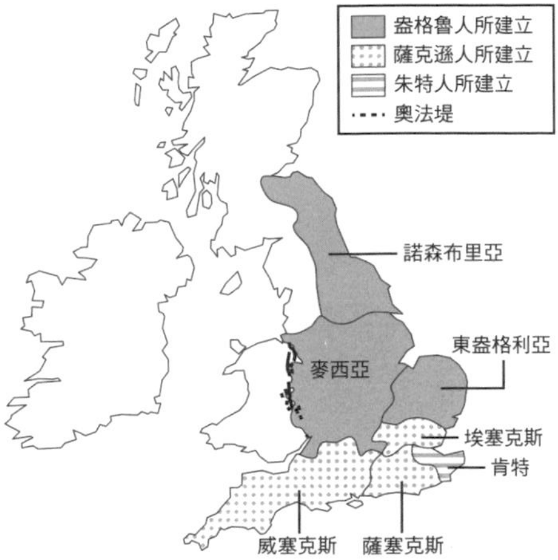

當時的基督教大本營在肯特，各地也都建有教堂及修道院。後來肯特興建了坎特伯里教堂，並設有坎特伯里大主教，這是英格蘭基督教最具權威的職務。

在英格蘭的七國之中，諾森布里亞首先開始攻打周邊國家，擴張其勢力。

信奉基督教的諾森布里亞，在西

元六五五年的溫韋德戰役擊敗了麥西亞，令其改信基督教。這次勝利也幫助了基督教在大不列顛島西部及南部扎根。諾森布里亞雖然一度是七國中最強盛的國家，但因內部紛爭而在八世紀後期轉趨衰弱。

八世紀前期，麥西亞國王埃塞爾巴爾德向教會及民眾增稅，提升了國力。麥西亞曾一度支配威塞克斯，埃塞爾巴爾德自稱是「南英格蘭所有人之王」。然而，他因高壓而樹敵，遭到下屬暗殺，麥西亞陷入內亂。

埃塞爾巴爾德的堂弟奧法平定了這場內亂，於八世紀後期登上麥西亞的王位。奧法即位後隨即整軍經武，攻打他國。他消滅了埃塞克斯與薩塞克斯的王室，並一度斷絕了肯特與東盎格利亞的王室。剩下的威塞克斯則臣服於麥西亞。自稱「全盎格魯之王」的奧法制定了英格蘭第一部法典，並鑄造共通貨幣「銀便士」。此外，他還在緊鄰大不列顛島西部（現在的威爾斯）的邊境修築堤壩（奧法堤），防禦布立吞人入侵。奧法於七九六年逝世。

麥西亞在奧法亡故後仍保有力量，於八二五年出兵攻打威塞克斯，但在與威塞克斯國王埃格伯特的交戰中遭擊退，麥西亞成了威塞克斯的附庸國。

埃格伯特後來將泰晤士河以南的地區納入支配，統一了英格蘭，成為實質上的首任英格蘭國王。

話雖如此，也有說法指出埃格伯特並未完全統一英格蘭，他的稱號也並非英格蘭國王，而是「不列顛統治者(Bretwalda)」，意為盎格魯－薩克遜各部落國王中勢力最大者。

不是海盜的維京人

西元八世紀末，維京人渡海入侵了大不列顛島。維京人是現在的挪威的諾斯人、丹麥的丹人、瑞典的瑞典人

當時的日本

英格蘭在強大的統治者奧法的領導下進行了改革，同一時期的日本也有桓武天皇推動政治改革。桓武天皇改良了當時的法令，並征討現在的東北地方，擴張領土。另外，他在西元七九四年將首都遷到了京都（平安京）。

等，信仰北歐神話的北日耳曼人的總稱，有一說認為維京人是「居住於海灣之人」的意思。

維京人的船團來到了大不列顛島後，襲擊了海邊附近的修道院等地，搶奪財物便立即離去。當時的大不列顛島並沒有預想到會有來自海上的敵人，即便是聚集了財富的修道院，警備也是相當鬆散。

另外，大家或許有維京人都是海盜的印象，但其實許多維京人是船員或農民、商人，不只是掠奪，也會進行交易。

到了九世紀後期，原本掠奪完便會離去的維京人開始在愛爾蘭島的東部及英格蘭東南部、諾曼第（現在的法國西北部）等地定居下來。

八六五年，維京人中的丹人憑藉著運用馬匹的機動戰法，消滅了東盎格利亞與諾森布里亞。如此一來，原本的七國僅剩下了麥西亞與威塞克斯。

英國史上少有的大帝

丹人也入侵了威塞克斯，並攻下大半國土。埃格伯特之孫阿佛烈在此危急之際即位成為了威塞克斯的國王。阿佛烈曾數度敗給丹人，但他仍伺機反擊，於各地修築城寨，徵用周邊的農民強化軍事力量。他也模仿丹人，將馬匹運用於作戰。此外，阿佛烈還將女兒嫁給麥西亞國王，促使兩國合作。

因強化軍備的助益，阿佛烈在八七八年的愛丁頓戰役中大敗丹人。八八六年，他奪回了被丹人占領的倫敦。至於麥西亞，則在這一連串的過程中滅亡，七國最終僅剩威塞克斯存活了下來。

阿佛烈擊退了丹人，並將其壓制到東北部，但並未驅逐出大不列顛島。阿佛烈與丹人簽下了「威德摩爾和約」，將丹人的居住地區訂在倫敦北方至約克南方一帶的丹麥區（Danelaw），也就是以丹人的法律（Law）統治的地區。此外，阿佛烈還令丹人改信基督教，成功與之共存。

丹人居住的地方包括了德比、拉格比等地。據說現在英國的地名中有「比（by）」的地方，過去曾是丹人的居住地。

威塞克斯國王阿佛烈統治丹麥區以南的土地，並帶領荒廢的英格蘭走向復興。他致力發展文化及學問，設立學校，並下令臣下與其子弟入學就讀。阿佛烈自己也在年過四十之後開始學習拉丁語，並著手將聖經翻譯為古英語。為了讓自己的治世廣為流傳，他還令人撰寫《阿佛烈大帝傳》及《盎格魯－薩克遜編年史》。古英語成為英格蘭的標準語也要歸功於他。

阿佛烈根據奧法的法典制訂了新的法典，並實施「夏（Shire）」的地方行政區劃，設置名為Sheriff的地方行政官。Shire在後來改稱為「County」，一直使用到一九七四年改制為止。美國地方行政區劃的「郡」就是參考County而來。

阿佛烈於八九九年逝世。由於他為英格蘭抵禦了丹人的入侵等功績，在英格蘭的歷史上被稱為「大帝」。

此外，他的血脈也一直延續到今日的英國王室。

議會的雛形——賢人會議

阿佛烈的活躍使得英格蘭處於威塞克斯一強獨霸的局面，但由於王位繼承權等問題引發混亂，英格蘭並未形成統一。阿佛烈之孫埃塞爾斯坦在此時展露了頭角。埃塞爾斯坦不僅是阿佛烈直系的血脈，更是由身為麥西亞女王的姑姑扶養長大的，也被承認是麥西亞的後繼者。

埃塞爾斯坦在九二四年即位為威塞克斯國王後，擊退了再度入侵英格蘭各地的丹人，並收復了英格蘭北部的重要都市約克。九三七年，他擊敗了自北部攻來的阿爾巴王國軍隊（詳見37頁），使得英格蘭在大不列顛島上居於優勢。

在內政方面，埃塞爾斯坦擴充了阿佛烈建立的「夏」制，並在夏之下設置「郡」、「十人組」，將行政區劃分得更細。

此外他也規定，與主教及統治地方的有力貴族「伯」等人士在聖誕節及復活節時定期召開會議，聽取其意見。此會議名為「賢人會議」，被認為是英格蘭議會的原型。賢人會議會討論英格蘭整體的防衛及外交、立法、司法，乃至於王位繼承問題，扮演了與現代議會類似的角色。

埃塞爾斯坦在外交上也著力頗深。他將自己的姐妹嫁給了法國國王雨果・卡佩及神聖羅馬帝國皇帝鄂圖一世，與歐洲強國結為姻親，強化彼此關係。

埃塞爾斯坦自九二七年前後起，在發出的領地權利證書（與土地所有相關的證書）上開始使用「英格蘭國王」之稱號。這是首度有統治者在英格蘭全國正式使用「英格蘭國王」的稱號。

蘇格蘭的成立

接下來要看的是羅馬帝國退出後，大不列顛島北部喀里多尼亞的歷史。

喀里多尼亞原本居住著皮克特人，以及西元四世紀中葉從愛爾蘭渡海來此的蘇格蘭人。

相傳在四世紀末，布立吞人聖彌安來到喀里多尼亞，向喀里多尼亞南部的皮克特人宣揚羅馬帝國的國教基督教。

到了六世紀前後，皮克特人在大不列顛島東北部成立了「皮克蘭」。同一時期，蘇格蘭人也從皮克特人手上搶奪土地，在大不列顛島西北部建立了「達爾里阿達王國」。皮克蘭在喀里多尼亞屬於大國，達爾里阿達王國則是小國。

當時，喀里多尼亞的國家包括了這兩個王國，以及布立吞人被盎格魯－薩克遜人從大不列顛島南部驅逐後，在喀里多尼亞西南部定居下來所建立的「斯特拉斯克萊德王國」。還有七國之一，盎格魯人在東南部建立的諾森布里亞。到八世紀中葉為止，這個四個國家或多或少有些小衝突，但還是相安無事。

但到了八世紀後期，喀里多尼亞的沿海與英格蘭一樣，受到了維京人的破壞。損失慘重的皮克特人於是希望與同樣受害的蘇格蘭人聯手合作。

八四三年前後，達爾里阿達國王肯尼思．麥克亞爾賓（肯尼思一世）得到皮克特人的同意，成為兩國的國王，皮克蘭與達爾里阿達合併成為「阿爾巴（聯合）

阿爾巴王國建立前的喀里多尼亞

王國」。身為達爾里阿達這個小國的國王，卻能坐上聯合王國的王位，有人認為是由於皮克蘭的王位後繼無人，具有遠親身分的肯尼思一世因而雀屏中選；也有說法認為若想對抗維京人，就必須借助肯尼思一世出色的作戰能力。

但由於缺乏阿爾巴王國建國經過的相關史料，因此並不清楚實際上究竟如何。

阿爾巴王國的誕生，被認為是實質上建立了「蘇格蘭王國」。

肯尼思一世坐在「斯昆石」上進行了加冕儀式，相傳舊約聖經中的雅各曾將頭枕在這塊石頭上。達爾里阿達王國的建國者法格斯．莫．馬克．艾爾克（Fergus

Mór mac Eirc）將斯昆石帶到了蘇格蘭，成為蘇格蘭王室的寶物，在加冕儀式上用來為王權樹立權威。

加冕儀式的開端

一般認為英格蘭是在埃塞爾斯坦的姪兒——埃德加國王的治世正式統一的。過去七國中的麥西亞、東盎格利亞等地區，在埃德加時代都是由宣誓向國王效忠的「伯」所統治，在其之上則是英格蘭國王埃德加。

埃德加是因前任國王，其兄愛德威突然死去，而在九五九年即位。他是一名虔誠的基督徒，整合了遭丹人破壞的教堂並新建更大的教堂。另外他也與坎特伯里大主教致力於改革腐敗的教會。

英格蘭（英國）國王的加冕儀式也是埃德加開始舉行的，這項傳統一直延續到了現代。九七三年，埃德加在英格蘭西南部巴斯的修道院接受了大主教的加冕。

加冕儀式為基督教式，將國王視為神聖之人，國王則以神之名宣誓，並得到民眾承認。

國王憑藉著加冕儀式取得神的權威作為後盾，顯示出其具有超越國內有力諸侯及首長的正當性。

以金錢換取和平

埃德加在加冕儀式兩年後的九七五年去世，結果埃德加之子愛德華與同父異母的弟弟埃塞爾雷德發生了王位繼承之爭。愛德華雖然即位為國王，但僅三年便遭暗殺，由十歲的埃塞爾雷德即位為埃塞爾雷德二世。

埃塞爾雷德二世被認為欠缺身為國王所應具備的資質，他輕視賢人會議，因此遭到各地的有力人士反抗。

此時的英格蘭又再度為丹人的入侵所苦。當時丹人的據點是日德蘭半島克尼特林王朝的丹麥王國。

九八五年即位為丹麥國王的斯韋恩一世同時也是挪威國王。自前任丹麥國王哈拉爾一世改信基督教以來，丹麥便成了領土甚至包括一部分瑞典的強國。

面對丹人的入侵，埃塞爾雷德二世向國民徵稅，將稅收交給丹人，也就是用金錢換取和平。雖然付出了大量金錢，丹人卻未停止入侵，於是埃塞爾雷德二世在一〇〇二年鎮壓領土內的丹人，許多人遭到殺害。

憤怒的斯韋恩一世在隔年揮軍攻打英格蘭，燒毀了當時英格蘭國內最大的都市牛津。

戰敗的埃塞爾雷德二世也招致了國內的反感，於是他在一〇一三年帶著第二任妻子愛瑪與兩名兒子愛德華、阿爾佛雷德逃往歐洲大陸的諾曼第公國。

當時的日本

當英國面臨激烈的權力爭奪之際，日本則是藤原道長在西元九九六年升為左大臣，掌握了政治實權。國風文化在京都發展成熟，從侍奉天皇之妻的紫式部寫下的《源氏物語》可一窺當時的宮廷生活。

這是因為愛瑪原本就是諾曼第公國的統治者——諾曼第公爵的女兒。諾曼第公爵是移居到法國北部的諾曼人的後代（詳見32～33頁）。

埃塞爾雷德二世與愛瑪的婚姻所產生的血緣關係，為日後英格蘭與諾曼第公國的王位繼承權之爭埋下了伏筆。

國王一個接著一個換

英格蘭國王的王位因埃塞爾雷德二世的逃亡而空了出來，一〇一三年斯韋恩一世受到英格蘭有力貴族的推舉，即位成為國王，建立了丹麥王朝。

然而斯韋恩一世在隔年猝逝，由長男哈拉爾繼承，即位為丹麥國王哈拉爾二世，但並未成為挪威國王。這是因為擁有舊王族血統的奧拉夫二世展現了實力，即位成為挪威國王。

斯韋恩一世的次男克努特雖然被推舉為英格蘭國王，但這突如其來的繼承造成

十一世紀英格蘭王位相關家系圖

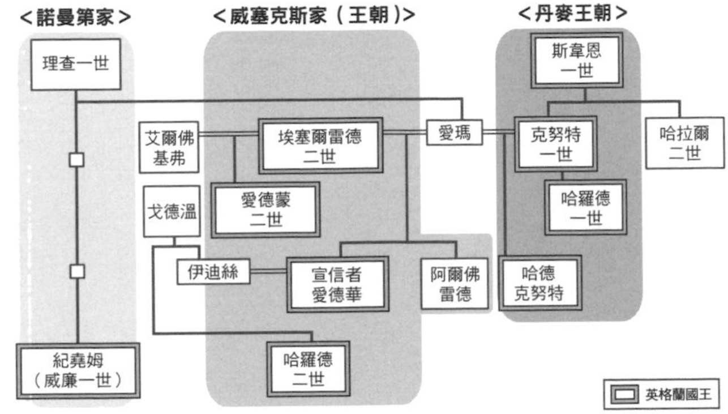

了英格蘭國內的混亂。埃塞爾雷德二世趁機從諾曼第返國，奪回了英格蘭的王位。

克努特並未就此放棄王位，他在一〇一五年率領大軍登陸英格蘭。

就在此時，埃塞爾雷德二世於一〇一六年四月逝世，長男愛德蒙即位成為英格蘭國王愛德蒙二世。愛德蒙二世並非愛瑪所生，而是埃塞爾雷德二世與首任妻子艾爾佛基弗生下的。

同年十月，愛德蒙二世與克努特交戰敗北，但仍設法讓克努特坐上了談判桌談和，最終決定愛德蒙統治威塞克斯，克努特則統治泰晤士河北側。雙方並約定，其中一方先死去時，由活著的一方接收死去一方的領地。
愛德蒙二世在這之後不久便去世，並遵照約定將其領地交給克努特。克努特獲得賢人會議的承認，於一〇一六年即位成為英格蘭國王克努特一世。

北海帝國誕生

成為了英格蘭國王的克努特一世並未強迫英格蘭接受丹麥的法律，而是採取尊重盎格魯－薩克遜人的法律及傳統的政策。因此儘管他是征服者，英格蘭的諸侯仍然對這名新國王十分友善。接著，為了改善與諾曼第公國的關係，克努特與曾是埃塞爾雷德二世妻子的愛瑪結婚，並生下了兒子哈德克努特。
丹麥國王哈拉爾二世於一〇一八年去世後，由他的弟弟克努特兼任丹麥國王。此外，克努特一世還在一〇二六年攻打挪威，擊敗了瑞典國王與挪威國王奧拉夫二世的聯軍，掌握北歐的霸權。克努特一世在一〇二九年入主挪威，驅逐了奧拉

北海帝國的疆域

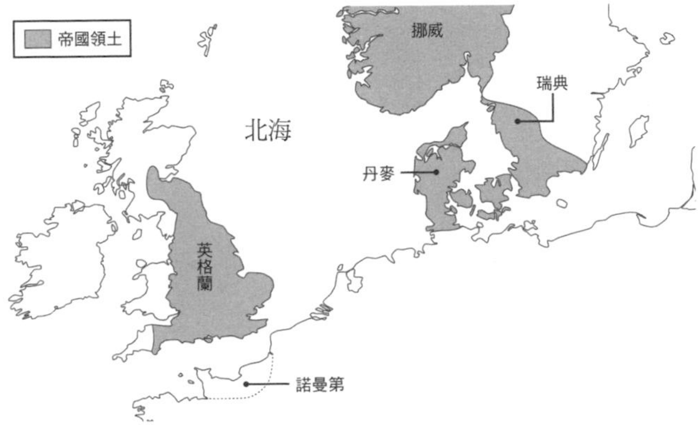

夫二世，即位成為挪威國王。

如此一來，克努特一世同時是英格蘭、丹麥、挪威的國王，並統治了一部分的瑞典。這些位在北海周圍的遼闊領土後來被稱為「北海帝國」。

統治廣大領土的克努特將英格蘭劃分為諾森布里亞、東盎格利亞、麥西亞、威塞克斯，分別交給有力的貴族治理。

北海帝國的末路

克努特一世在一〇三五年去世後，廣大的北海帝國隨即四分五裂。他與前一任妻子生下的哈羅德即位成為英格蘭國王哈羅德一世，與愛瑪所生的兒子哈德克努特即位丹麥國王，而奧拉夫二世的兒子則成為了挪威國王馬格努斯一世。

基本上，英格蘭王國是由哈羅德一世與哈德克努特兩名國王共同統治。但與挪威敵對的哈德克努特一直待在丹麥沒有離開，於是英格蘭便歸哈羅德一世統治。據說哈羅德一世在位期間，愛瑪一直受到冷落。

至於在愛瑪的娘家諾曼第公國，則有埃塞爾雷德二世與愛瑪的兩個兒子——愛德華與阿爾佛雷德，這兩人為了再度開創盎格魯－薩克遜的王朝，回到了英格蘭。然而阿爾佛雷德遭到哈羅德一世殺害，愛德華與愛瑪逃往歐陸。

哈德克努特對於自己母親及同母異父兄弟的遭遇感到憤怒，一〇四〇年，北歐的情勢剛穩定下來，他便登陸英格蘭討伐哈羅德一世。哈羅德一世隨後因不明原因死去，哈德克努特便以英格蘭國王的身分掌握了實權。

哈德克努特雖然得到了王位，但身體狀況不盡理想。他為贏得英格蘭貴族的好感，從諾曼第公國迎來了異父兄弟愛德華，請他擔任英格蘭的共同統治者。哈德克努特於一〇四二年英年早逝，沒有後繼者的丹麥王朝就此落幕。

決定命運的戰爭

英格蘭王位從丹人的手上回到了盎格魯－薩克遜人手中。即位成為國王的愛德華是一名虔誠的基督徒，因而被稱作「宣信者」。

位於倫敦的「西敏寺」是英國代表性的哥德式建築，其前身便是由愛德華所興建，後來絕大多數的英格蘭國王都是在此舉行加冕儀式。另外，愛德華也在同一個地方建造了宮殿（西敏宮），直到十六世紀遭逢火災之前都是國王的住處，後來的議會也是在此召開。

英格蘭（英國）各地在愛德華統治期間興建教堂，形成以教堂為中心的村落。

由於愛德華是在諾曼第長大，因此他平時是說法語，並任命許多諾曼第人為貴族及官差，尊崇法國風的政治及文化。

他還娶了貴族威塞克斯伯爵之女伊迪絲為妻，希望藉此讓強大的戈德溫家站到自己這一邊。後來因彼此間的爭端，愛德華曾一度將戈德溫驅逐至國外，但戈德溫捲土重來回到英格蘭後，反過頭來掌握了實權。戈德溫死後，由其次男哈羅德繼承威塞克斯伯爵。

在沒有王位繼承者的情況下，愛德華於一〇六六年去世。賢人會議及有力貴族推舉出的下一任國王是威塞克斯伯爵哈羅德，他在這一年即位成為英格蘭國王哈羅德二世。

但有人對哈羅德二世的即位提出了異議，那就是挪威國王哈拉爾三世與諾曼第公爵紀堯姆。哈拉爾主張自己擁有克努特一世以來的王位繼承權，而紀堯姆則主張愛德華曾承諾要讓自己繼承王位，而且當時哈羅德二世也在場。就血緣來說，紀堯姆算是愛德華的表兄弟之子。

哈拉爾三世想靠戰爭解決爭端，於是從挪威率軍登陸英格蘭。一〇六六年九月二十五日，他與取得了英格諸侯支持的哈羅德二世在約克近郊點燃戰火。

哈羅德一方在這場斯坦福橋戰役中大勝，哈拉爾三世戰死。自此之後，長年來令人頭痛不已的維京人便不再侵擾英格蘭。也可以說，這件事讓英格蘭脫離了北歐的影響，成為躋身西歐社會的契機。

但是，哈羅德二世無暇沉醉於勝利之中。紀堯姆在九月二十八日率領諾曼第軍隊登陸了英格蘭。

哈羅德二世立刻揮軍南下。兩軍在十月十四日於英格蘭東南沿海的黑斯廷斯近郊展開戰鬥（黑斯廷斯之戰）。儘管以步兵為主力的英格蘭軍驍勇善戰，卻力有未逮，遭到運用騎兵的諾曼第軍擊敗，哈羅德二世戰死。英格蘭的盎格魯－薩克遜王朝就此告終。

威爾斯與愛爾蘭

就像英格蘭與蘇格蘭建立了王國一樣，威爾斯與愛爾蘭島上也有王國誕生。

盎格魯－薩克遜人在大不列顛島東南部等地定居下來後，屬於凱爾特人一支的布立吞人就像是被排擠般，移居到了島西邊的威爾斯。他們在西元七～八世紀間發展出威爾斯語等獨自的文化，並由少數部族建立了數個王國。

威爾斯的各個王國在七五七年起的半個多世紀期間，持續與英格蘭七國之一的麥西亞發生衝突。九世紀時，格溫內斯王國的國王羅德里幾乎統一威爾斯全境，面對麥西亞及維京人等外敵的侵略也堅守了下來。

十二世紀初的威爾斯

但在羅德里去世後，領地被兒子們劃分統治，威爾斯再次進入各國反覆統合、分裂的時代。到了十二世紀，格溫內斯王國、德赫巴斯王國、波伊斯王國崛起。

愛爾蘭島為凱爾特人（蓋爾人）統治的土地，在德魯伊的領導下崇拜自然（詳見16頁）。四三二年，聖派翠克來到愛爾蘭宣揚基督教，自然崇拜的信仰遂與基督教融合在一起。

六世紀前後的愛爾蘭島上有多達一百五十個蓋爾人的小王國，到八世紀為止，蓋爾人以發展修道院運動的基督教為中心，度過了和平的時代。

但到了八世紀末，愛爾蘭島也開始有維京人出沒，一再遭到襲擊。後來維京人更在此定居、修築城寨。蓋爾人雖然進行抵抗，但部落間缺乏合作，許多修道院都遭到劫掠、破壞。

十世紀後期，自稱愛爾蘭國王的部落之主布賴恩．博魯挺身而出對抗維京人。一〇一四年，博魯統一了愛爾蘭，並擊退維京人。之後，愛爾蘭逐漸遠離維京人的威脅，居住在愛爾蘭的維京人則改信基督教，融入了凱爾特人。

秘密專欄

聯合王國的國旗、國徽

為什麼四個國家在國旗上只出現了三個!?

英國這個國家，其實是好幾個國家隨著時代演變聯合在一起組成的，這件事從各種官方正式的儀式、典禮等所使用的國旗也可以看出來。英國的國旗被稱為「聯合旗」或「聯合傑克（Union Jack）」，「Union」即為「聯合」，「Jack」則是「標示國籍的船首旗」之意。

俗稱米字旗的聯合傑克是不同國家的國旗結合而成的。一開始只有英格蘭白底紅十字的聖喬治十字旗，後來加上了蘇格蘭藍底白色×形十字的聖安德魯十字旗。最後，則又融入了愛爾蘭白底紅色×形十字的聖派翠克十字旗。

或許會有人納悶：「咦？那威爾斯呢？」這是因為威爾斯併入英格蘭的時間比其他兩國早很久，在英格蘭的國旗出現以前，就已經被認為是英格蘭的一部分了。威

〈1603年的國旗〉

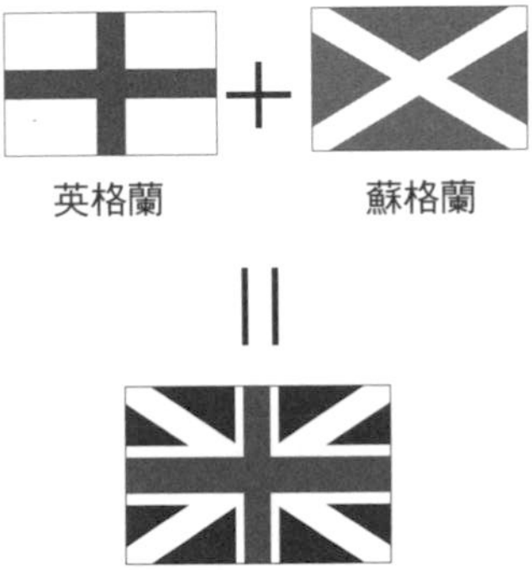

〈1801年的國旗〉

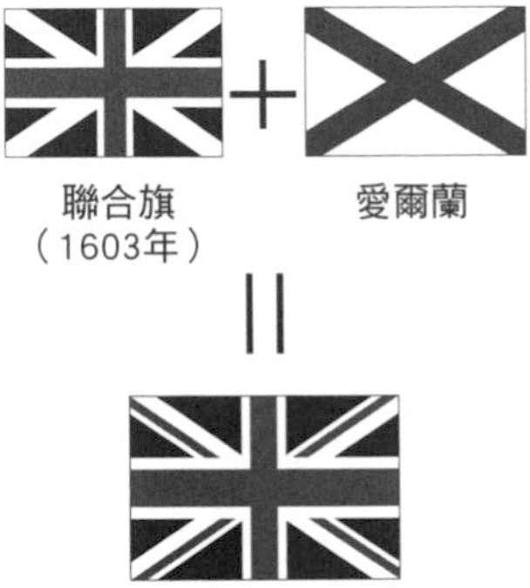

爾斯的國旗是直到一九五九年才誕生的。

另外，在官方場合也常會看到國徽（王室徽章）與國旗一同出現。英國的國徽和國旗一樣，是由數個國家的國徽組成。英格蘭的國徽是紅底與三頭黃色的獅子，蘇格蘭是黃底與一頭紅色的獅子，愛爾蘭則是深藍色底與金色豎琴、銀色琴弦。

英國國徽上沒有威爾斯國徽的原因與國旗相同。

至於英國國徽兩旁的動物則分別是代表英格蘭的獅子，以及代表蘇格蘭的獨角獸。

一心一意為人民付出的淑女

戈黛娃夫人

Lady Godiva

（990前後～1067）

妻子用身體阻擋丈夫的惡政

在英格蘭屬於北海帝國的時代，某些貴族擁有強大的權限，麥西亞伯爵利奧弗里克便是一位有力貴族。

相傳利奧弗里克向領地考文垂的民眾課徵高額稅金，使得人民為此所苦。心地善良的戈黛娃夫人希望丈夫減稅，但利奧弗里克卻提出無理的要求，表示若戈黛娃夫人裸身騎馬繞行街道一圈的話，他便願意減稅。戈黛娃夫人做到了丈夫的要求，於是利奧弗里克依約減輕民眾的稅賦。

戈黛娃夫人騎馬繞行時，民眾感念她的心意，因此都低頭不去觀看，只有一名叫作湯姆的男子偷看了。據說這就是偷窺狂的英文「Peeping Tom」的由來。

著名巧克力品牌Godiva也是取自戈黛娃夫人的名字。

chapter 3

國內外的戰亂

來自法國的征服者

諾曼第公爵紀堯姆的軍隊戰勝了英格蘭國王哈羅德二世，並趁勢占領各大都市，最終拿下倫敦。一〇六六年十二月二十五日，紀堯姆在西敏寺舉行加冕儀式，即位成為英格蘭國王威廉一世，就此展開「諾曼第王朝」。

在國王的名字後加上「一世」、「二世」也是從諾曼第王朝開始的習慣。

身為諾曼人的威廉一世征服了英格蘭，並順利登基成為國王的歷史事件被稱為「諾曼征服英格蘭」。在這之後就沒有出現過橫越多佛海峽，征服大不列顛島的民族了。

諾曼第王朝可說是英格蘭的轉戾點。首先，英格蘭在過去丹麥王朝時代與北歐各國的關係逐漸淡化，轉而與法國、義大利建立了關係。盎格魯－薩克遜人貴族的土地幾乎都遭沒收，賜給了諾曼人貴族。此外，英格蘭國內的許多高階神職人員也都是從法國或義大利邀請前來擔任。

第二點是威廉一世製作了全世界第一本土地登記簿冊，據說目的是為了調查諾曼人貴族新獲得土地的狀況，更有效率地徵收土地相關稅金。威廉一世藉由將土地賜給貴族，令其宣誓忠誠，要求戰爭時提供兵力，也就是確立了封建制。

第三點則是法國文化的傳入。當時與德語相近的英語中，加進了源自於諾曼人的法語詞彙，像是「pork」、「beef」等單字。法語成為英格蘭上流階級的官方語言，平民則如同過去使用英語。直到十四世紀的百年戰爭為止，法語一直是上流階級的官方語言。

都市裡則建起了堅固的石造諾曼式建築。代

表性建築包括了起初為城堡，後來當作監獄使用的倫敦塔以及達勒姆座堂。

無法接受自己的社會轉變為法國風格、接受諾曼人統治的盎格魯－薩克遜人每年都發動叛亂，但都遭到鎮壓。

而成為了英格蘭國王的威廉一世仍舊保有諾曼第公爵的身分。也就是說，他同時是英格蘭的國王，也是法國國王的臣下。這種詭異的關係成了日後百年戰爭的導火線。

兩位瑪蒂爾達

威廉一世在一〇八七年去世，領地分別交到了不同子嗣手上。他的根據地諾曼第公國由長男羅貝爾統治，英格蘭王國則是由三男威廉二世繼承。但威廉二世在打獵時意外中箭身亡，由於沒有後繼者，威廉一世的么子亨利在一一〇〇年自行即位成為英格蘭國王亨利一世。

亨利的即位令覬覦英格蘭王位的羅貝爾大為光火，於是攻打英格蘭。亨利一世支付金錢給羅貝爾，並保證放棄對諾曼第的野心，保住了自己的王位。

同時在英格蘭與歐陸兩邊擁有領地的英格蘭貴族，對於國王如此軟弱的態度感到不服，發動了叛亂，因此亨利一世決定統一諾曼第。一一〇六年，亨利一世進攻諾曼第，擊敗了羅貝爾，兼任諾曼第公爵。羅貝爾遭俘後，被監禁在威爾斯的城堡二十八年，最後死去。

同時統治了諾曼第的亨利，有擁有王位繼承權的兒子威廉、女兒瑪蒂爾達，以及不具繼承權的兒子葛羅斯特伯爵羅伯特等子女。由於威廉因意外身亡，於是亨利一世指定瑪蒂爾達為繼承人。

瑪蒂爾達此時已經嫁給了神聖羅馬帝國的皇帝海因里希五世，稱號為皇后(Empress)。但她與丈夫尚未生下子嗣，海因里希五世便去世了。

瑪蒂爾達在丈夫死後回到英格蘭，與安茹伯爵若弗魯瓦再婚，並生下長男亨利。安茹位在現今法國的中部，與諾曼第公國相鄰，兩國原本長年因為領地問題

諾曼王朝相關家系圖

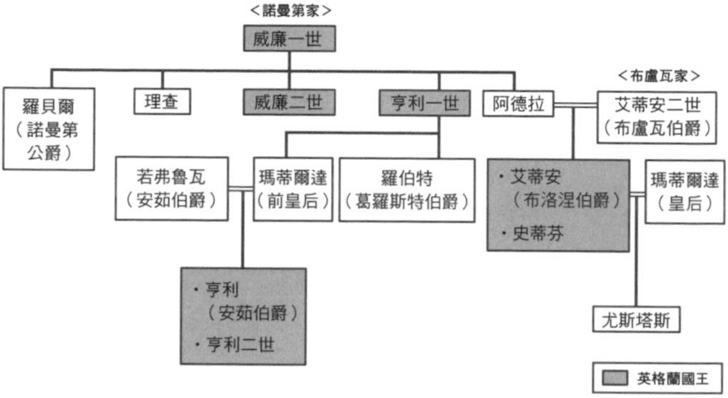

而有衝突。

一一三五年，亨利一世在諾曼第公國去世。亨利一世的外甥，出身法國布盧瓦家的布洛涅伯爵艾蒂安得知其死訊後，立即前往倫敦，得到反瑪蒂爾達派的教會與許多貴族的支持，即位成為英格蘭國王史蒂芬。

而原本是繼承人的瑪蒂爾達人在安茹，因此對史蒂芬的即位來不及做出反應。因史蒂芬出身布盧瓦家，所以他統治的時期也被稱作「布盧瓦王朝」。

但瑪蒂爾達也不打算拱手將王位讓給史蒂芬。她取得了舅舅蘇格蘭國王大衛一世及異母兄葛羅斯特伯爵羅伯特的支持，打算奪下王位。她的丈夫若弗魯瓦則獲法國國王認可為諾曼第公爵。

史蒂芬與瑪蒂爾達的相爭導致英格蘭陷入了內亂。局勢發展偏向了瑪蒂爾達一方，她在一一四一年的林肯戰役獲勝，俘虜了史蒂芬國王。

瑪蒂爾達想藉此機會舉行加冕儀式，成為「英格蘭及諾曼第的女王」，朝西敏寺進軍，但遭到反對勢力——史蒂芬國王的皇后瑪蒂爾達率領的軍隊阻撓。

雖然丈夫遭俘，瑪蒂爾達皇后仍團結起了史蒂芬派，作戰獲勝並擄獲羅伯特。後來雙方交換俘虜，史蒂芬獲得釋放。

好巧不巧，這場內亂的兩個陣營都是由名叫瑪蒂爾達的女性所領導的。

強大的安茹帝國

英格蘭的內亂在一一四七年葛羅斯特伯爵羅伯特去世，隔年前皇后瑪蒂爾達回到歐陸後迎來了新局面。繼承了諾曼第公爵的前皇后瑪蒂爾達之子亨利代替母親跳進來參戰。亨利的父親若弗魯瓦於一一五一年去世，於是他繼承了安茹伯爵。

隔年，他與和法王路易七世離婚的艾莉諾結婚。艾莉諾是法國西南部亞奎丹公爵的女兒。

這樁婚姻使得亨利在法國擁有諾曼第、安茹、亞奎丹等廣大的領地，面積甚至超過法國國王的領地。

亨利本身也十分好運。他與艾莉諾結婚前不久，瑪蒂爾達皇后去世，史蒂芬的兒子尤斯塔斯也在一一五三年突然去世。無心再戰的史蒂芬同年與亨利簽訂瓦靈福德條約，承諾在自己死後將英格蘭王位讓給亨利。

史蒂芬在一一五四年去世，布盧瓦王朝僅維持了一代便告終。亨利則根據條約，即位成為英格蘭國王亨利二世。亨利二世開創的王朝被稱為「安茹王朝」，因安茹家使用金雀花作為家徽，所以也稱作「金雀花王朝」。

當上英格蘭國王進一步擴大了亨利二世的領地。除了英格蘭，法國西南部一帶，直到庇里牛斯山的地區都歸他統治。

此外，亨利二世也統治了威爾斯的德赫巴斯公國（在亨利一世的時代臣服英格蘭）。他又以自己代替教宗在愛爾蘭宣揚基督教，因而以得到愛爾蘭領主的地位作為回報為由入侵愛爾蘭，將愛爾蘭納入領土。

由於面積非常遼闊，因此亨利二世的領土被稱為「安茹帝國」。雖然名為帝國，但其實各個領國的習慣、身分制度、貨幣制度皆不相同，安茹帝國和北海帝國一樣只是權宜的稱呼，並非正式國名。

亨利二世得到英格蘭後所做的第一件事是整頓內政。史蒂芬及前皇后瑪蒂爾達為了鞏固己方陣營，將土地及權利賜給有力領主，結果導致領主權力增加，郡長等地方官員反遭領主支配，民眾生活在高壓統治之下。因此亨利二世廢除了數個官職，並加強對郡長的監視以保護民眾。另外在決定地方重要事項時，中央政府定期派遣的法官會開庭審判，讓民眾向國王上訴。

國家規模的家族紛爭

不知是不是因為運勢都在獲得領地上用光了，亨利二世在晚年深受家族問題所苦。首先，由於亨利二世移情別戀，與皇后艾莉諾失和。他與艾莉諾生下了五子三女，長子早夭，次子幼王亨利成為王儲，名義上與亨利二世共同統治領地。王位的繼承原本看起來好像沒什麼問題，但在一一七三年，亨利二世打算將原本應該留給幼王亨利的領地，賜給他所溺愛的么子約翰，引發了糾紛。原因出在亨利二世已經將領地都分配給其他子嗣了，沒有地留給艾莉諾四十五歲時生下的約翰。

勃然大怒的幼王亨利於是舉兵，除了理查、若弗魯瓦、艾莉諾外，法王路易七世與蘇格蘭國王威廉一世也加入了陣營。亨利二世則憑藉從帝國內取得的豐富資金為後盾，雇用傭兵反擊，令幼王亨利陣營屈服，並監禁艾莉諾。

後來幼王亨利與若弗魯瓦相繼去世，理查成了新的繼承人。結果亨利二世又命

安茹帝國疆域

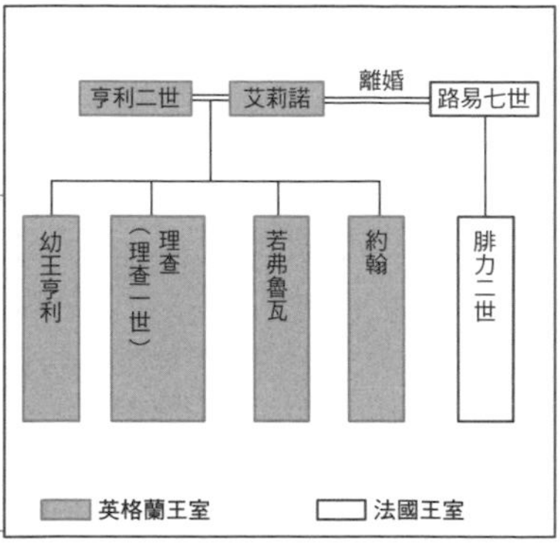

令理查將亞奎丹讓給約翰，理查拒絕，並與法國的新國王腓力二世聯手對抗亨利二世。理查陣營取得優勢後，約翰便背叛了亨利二世幫助理查。

約翰的背叛令亨利二世大受打擊，在安茹的領地鬱鬱寡歡而死。一一八九年，理查成為新的安茹帝國之主，同時也是英格蘭國王理查一世。他深具騎士精神並勇猛善戰，因而獲得了「獅心王」的稱號。

理查一世在即位同年的十二月，接受了教宗的要求，於隔年與法王腓力二世、神聖羅馬帝國皇帝腓特烈一世一同參加第三次十字軍東征，以奪回被伊斯蘭教勢力占領的基督教聖地耶路撒冷。

然而腓特烈一世在抵達耶路撒冷前便去世，腓力二世在抵達後也早早回國，理查一世則征戰了兩年。最終他與伊斯蘭教徒陣營休戰，簽訂了講和條約，沒有奪回耶路撒冷便率軍返國。

但理查一世在返回英格蘭的途中遭俘，被交給了把安茹帝國視為眼中釘的神聖羅馬帝國皇帝亨利六世。亨利六世開出的釋放條件是十五萬馬克（換算為成純銀為三十五噸）的天價贖金，這幾乎是當時英格蘭全年收入的三倍。

為了支付這筆贖金，奴隸以外的國民都必須向政府繳交年收入四分之一的稅金，令安茹帝國的人民苦不堪言。理查一世設法湊到了十萬馬克交付給亨利六世，終於獲得釋放。

在理查一世遭監禁的期間，腓力二世侵占了諾曼第及都蘭等安茹帝國在歐陸的領地。而且約翰還與腓力二世共謀，要求理查一世交出英格蘭的王位。

回到英格蘭的理查一世立即渡海前往歐陸，以獅子般迅雷不及掩耳的速度奪回了領地，令約翰降伏。但受到這次戰役中傷勢的影響，理查一世在一一九九年去世。理查一世雖然以驍勇善戰聞名，但連年征戰及鉅額贖金造成了國民經濟上的負擔，被認為是導致安茹帝國瓦解的遠因。

史上只有一位國王叫約翰

理查一世去世後，約翰終於即位成為英格蘭國王，但諾曼第及安茹馬上就被腓力二世奪去。甚至有說法認為，是歐陸的貴族主動臣服於腓力二世。這是因為諾曼征服英格蘭之時，在英格蘭與歐陸都擁有領第的貴族也開始有了主幹、旁支之分，領地只限於歐陸的貴族對英格蘭國王的忠誠便日益淡去。

雖然約翰下令反抗法王，但歐陸的貴族卻充耳不聞。由於喪失了廣大的歐陸領地，約翰因此被稱作「喪失諾曼第者」。

為奪回歐陸的領地，約翰在一二一四年與神聖羅馬帝國皇帝鄂圖四世結盟遠征法國，但以失敗作收，逃回英格蘭。

即便如此，約翰仍不願放棄舊領地。為籌措作戰經費，他未與貴族商量便數度強收稅金。由於英格蘭的貴族在歐陸沒有領地，奪回領地對他們而言並沒有好處，因此逐漸對租稅的負擔產生反感。

一二一五年，積怨已久的英格蘭貴族迫使約翰同意限制國王權力，並認可貴族權利、都市自由。將這些內容書面化的文件被稱為「大憲章」，直到今日，仍然是保護英國國民權利及自由免受國王專制侵害的依據。不過這也是因為英國的憲法為「不成文憲法」，沒有法典，而是由成文法、國會法、判例、習慣等累積而成的。

約翰雖然短暫認可了大憲章，但隨即主張大憲章無效，並演變成與貴族間的戰爭（第一次諸侯戰爭）。

一開始是國王軍占優勢，不過英格蘭貴族向腓力二世求助，於是他派出自己的兒子路易王子爭取繼承英格蘭王位，使得局勢逆轉。約翰戰敗，於一二一六年病死。

約翰的兒子登基成為新的英格蘭國王亨利三世。年幼的亨利三世得到了具有人望的貴族威廉・馬歇爾的支持，並答應遵守大憲章，於是許多英格蘭貴族都站到了國王這一邊。局勢迅速倒向國王陣營，連戰連敗的路易便撤回了對於英格蘭王位的要求。

由於約翰失去安茹帝國廣大的領地，也無法讓貴族展現向心力，給人強烈的昏庸印象，因此英格蘭王室後來便不曾再有取名約翰者。在以英格蘭中世紀的傳奇英雄

當時的日本

英格蘭的國王與貴族產生衝突時，日本同樣有君臣之爭。那就是西元一二二一年發生在京都朝廷與鎌倉幕府間的承久之亂。於這場戰爭獲勝的鎌倉幕府在北條氏的主導下，掌握了此後約一百年的政治實權。

羅賓漢為主角的故事中，約翰也被描寫成反派。

復興帝國的夢想破滅

第一次諸侯戰爭宣告落幕，亨利三世與有力貴族得以維持和平。有力貴族及神職人員召開了「諸侯大會（Parliament）」，與從約翰時代便效力的忠臣一同輔佐年幼的亨利三世。

失去了歐陸的領地，英格蘭國王的重心便轉移到英格蘭的內政，於是開始每年四次定期在西敏宮舉行諸侯大會，這便是現代英國國會（Parliament）的雛形。十三世紀中葉曾舉行多達四十六次的諸侯大會，與會者除了國王的親信、貴族、高階神職人員外，還有來自各郡的騎士、各都市的市民及基層神職人員。

英格蘭的政治原本已發展成由議會主導，但在一二三二年，當時二十五歲的亨利三世想要親自主政，遂與議會發生衝突。這是因為亨利三世有意收復約翰失去的歐陸領地。一二四二年時，亨利三世壓下了議會的反對遠征法國，但並未取得令人滿意的成果。

此外，當時與神聖羅馬帝國皇帝對立的教宗為了拉攏亨利三世，推舉亨利三世的次男擔任義大利的西西里國王。原本統治西西里的是神聖羅馬帝國皇帝之子，為了排除障礙，亨利三世勢必得遠征西西里。但遠征產生的鉅額開銷遭議會反對，於是亨利三世的計畫告吹。

因議會的反對而難以遠征的亨利三世，在一二五九年與法王路易九世簽訂了巴黎條約。根據該條約，亨利三世放棄安茹及諾曼第等他在法國西北部的權利。但相對地，路易九世同意他以亞奎丹公爵的身分保有法國西南部的加斯科尼，亨利三世重建安茹帝國的野心破滅。

國王與議會的對立再次導致了貴族叛亂。一二六四年，亨利三世的姻親萊斯特伯爵西蒙・德・孟福爾率領的貴族軍，與威爾斯的諸侯聯合起來發動叛亂（第二次諸侯戰爭）。

孟福爾軍成功擄獲了亨利三世及愛德華王子，但愛德華後來逃脫，重整國王軍再戰，結果貴族軍戰敗，孟福爾戰死，叛亂平息。第二次諸侯戰爭令亨利三世肯定了議會的重要性，體認到王權與議會的和諧對於國家治理的重要性。

亨利三世於一二七二年去世後，愛德華即位成為英格蘭國王愛德華一世。

國界終於確定

在諾曼征服英格蘭前不久，蘇格蘭經歷了王位繼承權之爭。

從蘇格蘭國王手中奪下王位的馬克白統治能力優秀，自一〇四〇年起在位十七年，就當時而言算是很長的時間。他最後在與前任國王之子馬爾科姆・坎莫爾交戰時敗北死去。

馬爾科姆・坎莫爾在一〇五八年即位成為蘇格蘭國王馬爾科姆三世。馬爾科姆三世是在其逃亡地英格蘭長大，喜愛盎格魯－薩克遜人的文化，妻子也有威塞克斯王室的血統。蘇格蘭南部便因為馬爾科姆三世的關係逐漸英格蘭化，並從原本的蓋爾語改成使用英語。

然而，蘇格蘭與英格蘭仍因為國界不明確等緣故反覆相互入侵。亨利三世與蘇格蘭國王亞歷山大二世在一二三七年簽訂了「約克條約」，終於將國界確定下來。

十三世紀的威爾斯則是由格溫內斯一枝獨秀。格溫內斯親王盧埃林・阿普・格魯菲德，在一二五八年以威爾斯統治者的身分自稱「威爾斯親王」。亨利三世於一二六七年承認了盧埃林威爾斯親王的地位。

追求大不列顛島的統一

成為了英格蘭國王的愛德華一世有別於祖父及父親，在即位之初便尊重議會。即使教宗要求他捐獻，他也以「必須得到議會同意」為由拒絕。與他國媾和簽訂條約時，也都會徵詢議會的意見。在這個時代，議會還加入了許多就讀牛津大學及劍橋大學的法律專家。

愛德華一世如此重視議會是有原因的——為了達成他統一大不列顛島的野心，攻打威爾斯與蘇格蘭需要龐大的開銷。

英格蘭國王的權力受到大憲章的限制，徵收新稅必須得到議會同意。因此愛德華一世把腦筋動到了歐陸大量需求的羊毛上，設下出口關稅以增加稅收。

一二七七年，完成了準備的愛德華一世展開威爾斯遠征。據說原因之一是身為威爾斯親王的盧埃林沒有向愛德華一世宣誓效忠，明確表現出主從關係。面對軍力占壓倒性優勢的英格蘭軍，盧埃林選擇投降。後來他雖然發動叛亂，但失敗戰死。威爾斯自此便不再由威爾斯人自己統治。

愛德華一世的兒子（後來的愛德華二世）在一三〇一年被授與威爾斯親王的稱號。從此之後，英格蘭王室王位繼承權第一順位的王子都會得到這個稱號，做為統治威爾斯公國的證明。

一二九五年時，愛德華一世在西敏宮召開了議會，希望得到議會同意籌措遠征蘇格蘭的經費。由於這次議會可說是日後議會的典範，因此被稱為「模範議會」，並逐步確立了上議院、下議院的兩院制。

愛德華一世介入蘇格蘭王位繼承問題，在一二九一年用計將受自己控制的約翰推上蘇格蘭國王的王位。

在擔憂成為英格蘭屬國的蘇格蘭貴族支持下，約翰轉而與英格蘭的敵國法國聯手。愛德華一世以此為由，於一二九六年進軍蘇格蘭。

約翰向來犯的英格蘭軍屈服，將蘇格蘭國王的王位與權力讓給了愛德華一世，連斯昆石（詳見38頁）也遭愛德華一世奪去。斯昆石此後被放置在倫敦的西敏寺，直到七百年後的一九九六年才歸還給蘇格蘭。

即便如此，蘇格蘭依舊反抗英格蘭的統治。一三〇六年，自稱英格蘭王位繼承者的羅伯特．布魯斯以羅伯特一世之名即位成為蘇格蘭國王。愛德華一世再度遠征蘇格蘭，但在途中病死。羅伯特一世在一三一四年的班諾克本戰役擊敗新即位的英格蘭國王愛德華二世，維持了蘇格蘭的獨立。

百年戰爭的序幕

愛德華二世被認為是一個有問題的人。由於他給予自己的寵臣過多權力，引發了皇后伊莎貝拉等貴族的不滿，於一三二七年遭廢黜與暗殺。伊莎貝拉是法國國王（卡佩王朝）腓力四世的女兒。

繼承英格蘭王位的是伊莎貝拉之子愛德華三世，因此他同時也擁有卡佩王朝的血統，伊莎貝拉與情夫羅傑·莫蒂默成了年幼國王的後盾。試圖拿回政治實權的愛德華三世，在一三三〇年處死莫蒂默並囚禁伊莎貝拉，親自執政。

在愛德華三世的統治期間，英格蘭議會包括由貴族組成的「貴族院（相當於上議院）」，以及騎士、都市與郡的代表組成的「平民院（相當於下議院）」，形成了兩院制。另外，過去的貴族身分原本只有「伯爵」及「諸侯」這種曖昧的區分，此時也明確訂出了「公」、「侯」、「伯」、「子」、「男」等五個爵位。

至於在法國，卡佩王朝的法王查理四世於一三二八年去世，由於沒有繼承人，

百年戰爭時的英格蘭與法國王室

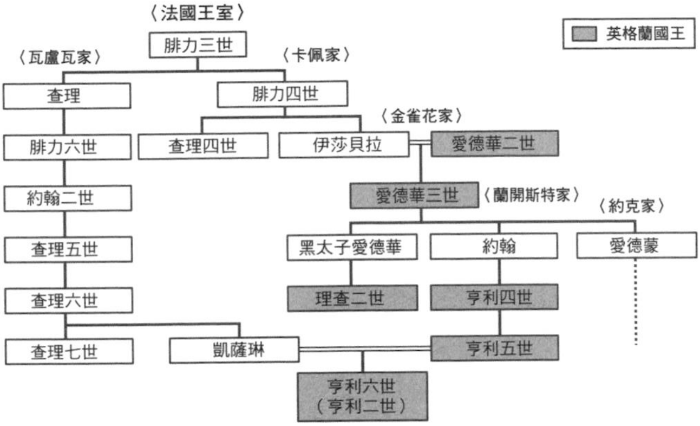

卡佩王朝就此告終。此時，愛德華三世主張自己具有法國王室的血統，所以有權繼承王位。然而，新任法國國王是由相當於愛德華三世母親伊莎貝拉及查理四世的堂兄弟，出身瓦盧瓦家的腓力即位，成為了瓦盧瓦王朝的第一任國王——腓力六世。

瓦盧瓦家算是卡佩家的分支，因此愛德華三世對腓力的即位感到不滿。但他仍然表示了同意，並以法國貴族亞奎丹公爵的身分前往法國，向腓力六世宣誓效忠。

然而愛德華三世在一三三七年取消承

認腓力六世為法王，要求腓力六世交出王位，向法國宣戰。該年腓力六世宣布沒收亞奎丹公爵的領地，這也是促使愛德華三世做出這番舉動的主因之一。

英格蘭在一三三九年入侵法國，揭開了百年戰爭的序幕。

英格蘭軍取得優勢

愛德華三世於一三四〇年在根特（現在的比利時）自立為法王。

進軍歐陸的英格蘭軍自開戰之初便取得了優勢。自一三五五年起，改由愛德華三世的兒子愛德華率領遠征軍，由於他身穿黑色盔甲，因此被稱為黑太子。

在一三五六年的普瓦捷戰役中，英格蘭軍擄獲了已故的腓力六世之子法王約翰二世，取得大捷，接著又趁勢包圍首都巴黎，雙方於一三六〇年簽訂和約。條約內容為英格蘭釋放約翰二世，法國支付鉅額贖金以交換英方撤回英格蘭國王為法國國王的主張，並割讓亞奎丹及加萊等大片領地給英格蘭。百年戰爭至此暫時告一段落。

到了一三七〇年代，百年戰爭重燃戰火，英格蘭軍陷入苦戰，到手的領地接二連三被奪回。黑太子愛德華在一三七六年病死，愛德華三世也在隔年去世，新任的英格蘭國王為黑太子愛德華之子理查（理查二世）。理查二世年僅十歲，因此是由其叔父蘭開斯特公爵等有力貴族組成的評議會掌管政務。

傳染病造成的影響

英法兩國的民眾在十四世紀深受百年戰爭所苦，但災難還不僅於此。傳染病鼠疫（黑死病）在一三四八年傳到了英格蘭。

據說黑死病造成了三至四成英格蘭民眾死亡，十四世紀初英格蘭還有四百～七百萬人口，但到了十四世紀末時，減少到幾乎只剩下一半。也有說法認為多達三分之一的歐洲人口死於黑死病。英格蘭與法國甚至因為黑死病而不得不在一三五一年停戰。

人口減少也對經濟活動造成了影響。勞動力短缺導致工資高漲，地主因此認為與其花大錢雇用農民耕種，不如以數十年為單位將土地長期租給農民。這讓農民得以確保穩定的耕作地，改善了他們的生活環境。

另外，在理查二世統治期間的一三八一年，曾發生名為瓦特·泰勒叛亂的農民起義。這次叛亂的起因並非生活窮困，而是農民反對課徵人頭稅當作戰爭費用。叛亂結束後，農民進一步擺脫了地主的控制，獲得自由的農民遂成為「自耕農（Yeoman）」。有說法認為，農民叛亂造成的社會動盪是導致百年戰爭長期化的遠因。

英格蘭國王兼任法王

理查二世長大後開始自行執政，起初還具有人望，但後來與自己的寵臣肆意妄為，並做出沒收貴族領地等專橫的舉動。因此貴族囚禁了理查二世，於一三九九年得到議會同意，廢黜其國王身分，理查二世隔年在獄中去世。由於沒有繼承人，金雀花王朝就此畫下句點。

得到議會同意的繼任人選，則是相當於理查二世堂兄弟，蘭開斯特家（金雀花家的分支）的德比伯爵亨利。他即位成為英格蘭國王亨利四世，開啟了「蘭開斯特王朝」。

亨利四世有別於前任國王，選擇了避免與議會衝突的路線，並試圖與法國維持和平。亨利四世在一四一三年於禮拜中猝逝，王子哈利即位成為英格蘭國王亨利五世。

亨利五世在位僅約十年，精力幾乎全都用在與法國作戰上。他即位之時百年戰爭處於休兵狀態，他趁機做好準備後便揮軍遠征法國。一四一五年的阿金庫爾戰役，亨利五世戰勝法王查理六世，當時法國國內阿馬尼亞克派與勃艮第派貴族的對立也對英格蘭取得優勢起到了作用。

亨利五世憑藉這場勝利奪下諾曼第一帶後便與勃艮第派聯手，娶查理六世之女凱薩琳為妻。雙方並簽訂特魯瓦條約，約定查理六世死後由亨利五世或其繼承人擔任法國國王。

亨利五世與凱薩琳在一四二一年生下了兒子亨利。由於亨利五世隔年便在巴黎郊外猝逝，於是由兒子亨利即位，成為英格蘭國王亨利六世。查理六世也在同年去世，因此亨利六世根據特魯瓦條約兼任法國國王，成為法王亨利二世，這也是史上第一位英格蘭國王兼法國國王。亨利六世即位時出生還不滿九個月。

然而，阿馬尼亞克派擁立的法王查理七世並不承認亨利六世的即位。

百年戰爭的結束

英格蘭軍於一四二八年包圍阿馬尼亞克派與查理七世的根據地奧爾良，此時挺身而出的是法國歷史上著名的聖女貞德。

貞德投入查理七世麾下後，率領法軍解除了圍城。於是查理七世在一四二九年舉行加冕儀式，正式登基為法國國王。而貞德則在一四三〇年遭勃艮第派俘虜，隨後英格蘭軍出錢買下貞德，經女巫審判後將其處死。

阿馬尼亞克派雖然失去了貞德，但並未因此敗下陣來，查理七世與勃艮第派和解，英格蘭則撕毀了與勃艮第派的盟約。在法軍的攻勢下，英格蘭在歐陸的領地到了一四五三年幾乎只剩下加萊，長達一世紀的百年戰爭宣告落幕。

紅玫瑰與白玫瑰之爭

百年戰爭好不容易告終，雙方卻沒有簽訂終戰協議，英格蘭之後也並未停止攻打法國。原因是英格蘭搬出了亨利六世已即位成為法國國王，法國自然歸亨利六世統治這個冠冕堂皇的理由。英格蘭王室一直使用「英格蘭國王兼法國國王」的稱號到一八〇一年。當然，法國並不承認亨利六世有即位成為法國國王。

玫瑰戰爭的兩方陣營

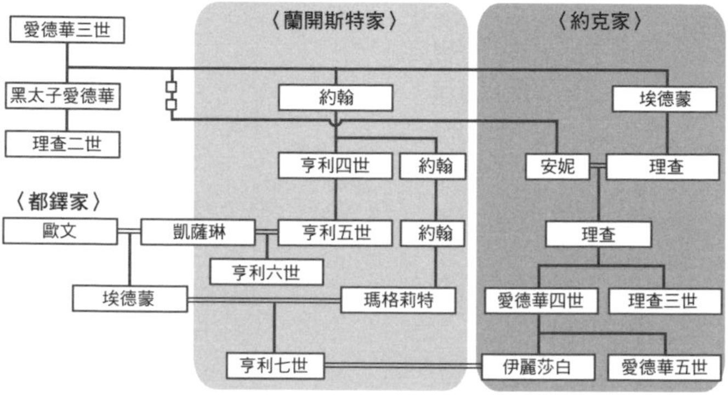

戰爭尾聲，亨利六世與地位崇高的法國貴族之女瑪格莉特生下王子愛德華。

但亨利六世後來因病而無法處理政務，瑪格莉特為了保護生病的丈夫與年幼的兒子，於是向貴族運作，希望由自己攝政。個性剛強且身為外國人的瑪格莉特不受英格蘭貴族喜愛，議會也否決了她的攝政，不過瑪格莉特仍然控制了宮廷。

王室的這番狀況讓金雀花家的分支——約克家的理查趁勢崛起，對蘭開斯特家的王位繼承提出異議，而且覬覦王位的理查還實際付諸行動。

蘭開斯特家與約克家為了爭奪英格蘭王位展開的內亂便是「玫瑰戰爭」。之所以和玫瑰有關，是因為蘭開斯特家使用紅玫瑰，約克家使用白玫瑰作為家徽。

一四六〇年，理查雖然在北安普頓戰役擄獲了自病中康復的亨利六世，但由於議會中仍有蘭開斯特家的支持者，因此未能奪下王位，理查便在你來我往的戰局中戰死。

成為約克家新當家的是理查的次男愛德華，他得到了有力貴族沃里克伯爵的支持，於一四六一年進占倫敦，在約克派貴族的推舉下舉行加冕儀式，取代遭囚的亨利六世即位，成為英格蘭國王愛德華四世，開啟了「約克王朝」。

愛德華四世即位後著手清除蘭開斯特派，亨利六世

當時的日本

當英格蘭的有力貴族相互爭奪王位之時，日本國內也因為室町幕府繼任將軍的人選問題分裂成東西兩個陣營，雙方點燃戰火，這便是發生於西元一四六七年的「應仁、文明之亂」。這場延續十年的內亂揭開了日本戰國時代的序幕。

與瑪格莉特逃往蘇格蘭。

後來，權力過大的沃里克伯爵遭到愛德華四世疏遠，兩人關係開始惡化。此時，得到蘇格蘭支持的亨利六世與得到法王路易十一世支持的瑪格莉特在一四七〇年回到了英格蘭。亨利六世與從約克派轉投蘭開斯特派的沃里克伯爵聯手，愛德華四世因而一度逃至法國的勃艮第。

亨利六世雖然奪回王位，但隨即在一四七一年遭回國的愛德華四世再度奪走。得到英格蘭貴族與倫敦市民支持的愛德華四世處死了亨利六世與沃里克伯爵，並監禁瑪格莉特。約克家雖然暫時取得勝利，但玫瑰戰爭並未就此結束，這次輪到了約克家產生內鬨。

愛德華四世於一四八三年去世，年僅十二歲的長男即位成為英格蘭國王愛德華五世。但愛德華五世的叔叔，擔任攝政的格洛斯特公爵理查令議會認定愛德華五世的王位繼承無效，並將愛德華五世及其弟監禁於倫敦塔，理查自行即位成為英格蘭國王理查三世。愛德華五世與弟弟後來下落不明，有一說認為他們遭理查三世下令暗殺。

登上王座的理查三世透過暗殺其他王位繼承人及政敵鞏固自己的權力，令貴族感到恐懼。

此時出面對抗理查三世的，是為了躲避約克家的迫害逃亡到法國的亨利・都鐸，他出身的都鐸家算是蘭開斯特家的旁支。一四八五年，亨利率領的軍隊登陸威爾斯後，在英格蘭中部與理查三世的軍隊交戰（博斯沃思原野戰役）。雖然理查三世方的戰力較具優勢，但因實行恐怖統治的關係，他旗下的貴族接二連三倒戈。最終理查三世戰死，亨利獲得了勝利。如此一來，長達三十年的玫瑰戰爭終於結束，約克王朝也在此畫下句點。

戰爭勝利後兩個月，亨利在西敏寺舉行了加冕儀式，即位成為英格蘭國王亨利七世。

不可不知的英國偉人❸

名留青史的蘇格蘭民族英雄

威廉・華勒斯

William Wallace

（1270 前後～ 1305）

蘇格蘭追求獨立的原點

當時的英格蘭國王愛德華一世有意統一大不列顛島，介入了蘇格蘭的王位繼承。他利用蘇格蘭對英格蘭的臣屬關係，強迫蘇格蘭接受無理的要求。

華勒斯在此時挺身而出，加入了蘇格蘭軍與英格蘭軍作戰，並帶領蘇格蘭軍獲勝，因為這次的勝利而獲封騎士。但在愛德華一世親自率軍出征後情勢逆轉，英格蘭鎮壓了蘇格蘭的反叛。

雖然華勒斯後來遭英格蘭擄獲並且處死，但他的愛國心感動了所有蘇格蘭人，成為日後蘇格蘭追求獨立的原動力。

時至今日，蘇格蘭人仍然傳頌著華勒斯的事蹟，將其視為英雄。

chapter 4

君主專制與其反彈

紅白玫瑰合而為一

對於憑藉武力登上王位的亨利七世而言，提高自己王位的正統性成了其生涯的一大課題。原因在於，當時還有許多人的血統比他更適合繼承王位。

亨利七世即位之後，隨即與相當於約克王朝最後一位國王理查三世姪女的「約克的伊麗莎白」結婚。與蘭開斯特家有血緣關係的亨利七世和約克的伊麗莎白結婚，象徵了兩家的和解。此時誕生的「都鐸玫瑰」圖案結合了約克家的白玫瑰與蘭開斯特家的紅玫瑰，成為都鐸王朝的徽章，並且在現在的英格蘭國徽上也看得到。

亨利七世與皇后伊麗莎白生下的第一個兒子命名為亞瑟，並封為威爾斯親王。據說都鐸家發跡於布立吞人自古以來居住的威爾斯，這個兒子又剛好出生在與亞瑟王傳說相關的溫徹斯特，於是取名為亞瑟，希望藉此與亞瑟王傳說建立關聯，提升其形象。

雖然亨利七世與伊麗莎白的婚姻讓紅白玫瑰合而為一，但在他的統治期間仍有貴族認為「約克家才是正統的王位繼承者」，發動了數起叛亂，試圖將亨利七世拉下台。因此亨利七世打算削弱這些貴族的勢力，強化王權。他的手段之一，便是在西敏宮內一處名為星室的大廳開設的「星室法庭」。這個法庭是在皇家特權（君主獨享的權利）下進行審判，可以對不順從國王心意或任意妄為的貴族迅速做出懲罰。

憑藉著星室法庭，君主可以行使強大的權力，鞏固自己執政的基礎。

透過政治聯姻避免戰爭

與王權逐漸穩定下來形成對比的是，許多貴族都因為玫瑰戰爭的混亂導致實力大不如前，或是因後繼無人而失去領地，這些領地便成了國王的領地。亨利七世對領地的經營嚴加監視，穩定地增加了收入。另外，他也與外國簽訂通商條約，保護特定商人以提升在海外市場的競爭力，藉由振興貿易的政策增加關稅收入。這些財政政策讓政府收入在他的統治末期成長為即位之初的三倍。

亨利七世在尋求內政穩定的同時，也採取了重視與外國維持和平的外交方針，以避免戰爭造成財政負擔。面對過去關係不佳的蘇格蘭，他將女兒瑪格麗特嫁給蘇格蘭國王詹姆斯四世，成功創造兩國間的和平。

現在的英國雖然是世界上的先進國家，但當時的英格蘭在歐洲只是一個小國，必須設法在法國、西班牙等大國間求生存，因此亨利七世有意與西班牙結盟。當時蘇格蘭持續向法國靠攏，與西班牙聯手也有牽制蘇格蘭的意思在。

亨利七世在一五〇一年促成了長男亞瑟與西班牙公主亞拉岡的凱瑟琳的婚事，採取面對蘇格蘭時的做法，藉由婚姻建立和平關係。然而年紀輕輕的亞瑟卻在隔年猝逝，為了維持與西班牙的良好關係，亨利七世這次打的算盤是讓瑪格麗特與次男亨利結婚。但與兄長的妻子結婚有違聖經的教誨，因此是得到了當時教宗的允許才得以順利結婚。

這樁婚事大大改變了英格蘭日後的命運，但亨利七世還來不及目睹，便在一五〇九年去世。

亨利七世是英國史上最後一位憑藉武力獲得王位的國王。後續繼承王位的子孫們便在亨利七世留下的政治基礎上，行使強大的權力治理國家。

亨利八世的離婚問題

亨利七世死後，由次男亨利即位成為亨利八世。雖然上一任國王建立了節儉、穩固的財政基礎與和平的對外關係，但亨利八世追求的卻是與此相反，風光而具有威嚴的國王形象。

他即位後隨即增強海軍，積極參與法國與西班牙等國在歐陸的爭霸。雖然支出了龐大的戰爭費用，卻沒有取得令人滿意的戰果。此外，亨利八世還將經過多次整修的建築物當成新的宮殿（白廳宮），取代發生火災的西敏宮，並向國民炫耀自己奢華的宮廷生活等。一筆筆的開銷最後導致國庫耗盡，日後四處籌措財源。

至於不再當作宮殿使用的西敏宮則成了議會所在地，直到現在。另外，由於白廳附近有許多政府機關建築，因此白廳現在成為英國政府機關所在地的代名詞。

到了一五二〇年代，王位繼承人成了令亨利八世頭痛的問題。

雖然他與皇后凱瑟琳的感情並不差，但卻沒有生下兒子，只有一個女兒瑪麗。都鐸王朝的正統性原本就已經不高，若擁立史無前例的女王登基，有可能引發王位繼承之爭。

渴求兒子的亨利八世開始考慮與凱瑟琳離婚。亨利八世看中的新妻子是凱瑟琳的侍女安妮·博林，他希望當時還不到二十歲、年輕貌美的安妮能取代即將年滿四十、過了生育適齡期的凱瑟琳，幫自己生下兒子。

但有個大問題，那就是天主教並不允許離婚。他想到的方法是讓凱瑟琳與自己的婚姻無效，因此打算請教宗認定與兄長妻子結婚這件事從一開始就不成立。

國王或有權有勢者解除婚姻關係在當時並不稀奇。而且，亨利八世是一名虔誠的天主教徒，曾經指責批評天主教會、發起宗教改革的神學家馬丁．路德，被教宗封為「信仰的守護者」。因此亨利八世原本以為，教宗馬上就會同意解除婚姻關係。

但不巧的是，當時教宗所在的羅馬是受神聖羅馬帝國軍控制，教宗成了神聖羅馬帝國皇帝查理五世的俘虜。查理五世同時兼任西班牙國王卡洛斯一世，是凱瑟琳的外甥。

身為外甥，當然不可能容忍自己的阿姨因為生不出繼承人而被拋棄。亨利八世的要求刺激到了查理五世，因此教皇並未同意。

英格蘭國教會的成立

亨利八世在取得教宗許可一事上受挫，因此他在一五二九年召開議會，打算另闢蹊徑。這個議會斷斷續續開到一五三六年，制定了各種以脫離羅馬天主教為目

天主教會與英格蘭國教會的組織圖

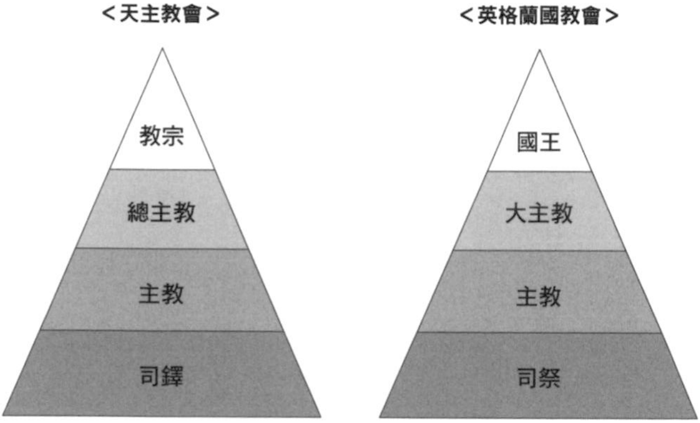

的的法律，因此被稱為「宗教改革議會」。

英格蘭在一五三二年禁止擁有俸祿（具有獲得一定收入的權利）的神職人員向教廷繳納金錢。這是逼教宗同意解除婚姻關係的威脅手段，但並沒有起到作用，事情仍無進展。兩年後，向教廷繳納金錢正式遭到禁止。

在與教宗你來我往的期間，安妮有了身孕。為了讓生下來的男孩具有繼承王位的資格，安妮必須盡早成為皇后，於是議會在一五三三年制定了「禁止上訴法」。

這項禁止上訴法規定，英格蘭為獨立的國家，結婚、離婚等與教會相關的問題，國王具有最終決定權。換句話說，就算遭身為國王的亨利八世下令解除婚姻關係，凱瑟琳也不能向教宗上訴，請求裁決。

結果，身為英格蘭教會最高職位者的坎特伯里總主教（後來的大主教）湯瑪斯・克蘭默認可了亨利八世與凱瑟琳的婚姻無效，以及他與安妮的婚姻合法。教宗對此感到憤怒，開除了亨利八世的教籍，但亨利八世仍未改變心意。

一五三四年，議會通過「至尊法案」，規定國王為英格蘭教會的最高領袖，英格蘭國教會（英國國教會）就此成立，一直持續到現在。

特異的宗教改革

英格蘭的宗教改革和發生在其他地方的宗教改革在性質上有所不同。

當時的天主教會為了賺錢，會販售贖罪券（赦免罪行的證明書）。

宗教改革帶來的變化

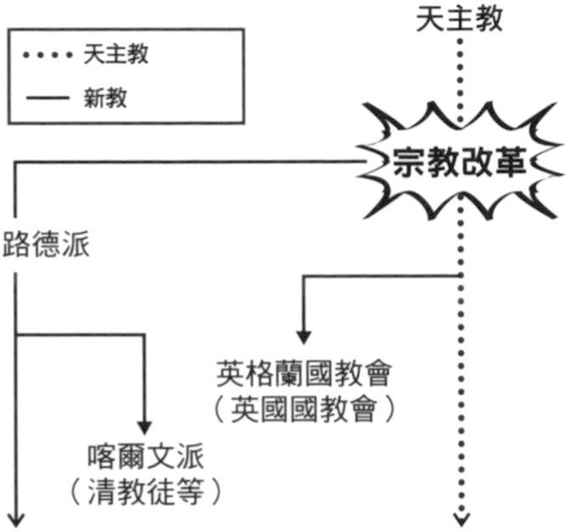

對於這種情形，馬丁・路德認為人類能否得到上帝拯救，並非取決於有沒有買贖罪券或捐錢給教會，而是跟信仰有關，批判羅馬天主教的教義與贖罪券。

而在瑞士發起宗教改革的喀爾文則主張「預定論」，認為能得到救贖的人都是上帝預先決定的。預定論的觀點是人的職業是上帝給予的，認真工作累積財富有助於得到救贖，因此得到了都市的工商業階層接受。喀爾文主義也成為了日後資本主義社會的思想基礎。

上述這些改革促成了「新教」的誕生。

觀察宗教改革的關鍵人物馬丁・路德及喀爾文可以發現，他們推動的都是反抗羅馬天主教教義的思想改革，英格蘭的宗教改革則是起因於繼承人問題的政治改革。因此，亨利八世成立英格蘭國教會時，教義、儀式等幾乎都和天主教沒什麼兩樣。

另外，亨利八世的時代出版了翻譯成英文的聖經，民眾因此也能看懂聖經。後來在一六一一年，則有英格蘭國王授權的聖經英譯本「欽定版聖經」問世，當作標準的聖經一直使用到十九世紀末。

亨利八世成立英格蘭國教會後，下令解散修道院。為了重建陷入困頓的王室財政，他的腦筋動到了修道院擁有的龐大財產上。

新的財源與對法戰爭

一五三六年的「小修道院解散法」、一五三九年的「大修道院解散法」使得所有修道院都被迫解散，修道院名下的土地及財產則歸國王所有。

但是，亨利八世剛得到新財產不久，便因為財政困難而開始出售。在他的統治期間，這些財產約有三分之二到了紳士（詳見100、101頁）等民間人士手上。原因則是出在戰爭。

亨利七世的聯姻外交政策曾一度改善與蘇格蘭的關係。然而，蘇格蘭與法國本來就是堅定的盟友，不免令人擔憂法國與蘇格蘭會從南北夾擊英格蘭。

亨利八世和父親一樣，打算藉由聯姻與蘇格蘭建立友好關係，但蘇格蘭並不買帳，於是亨利八世決定與法國一戰。最後英格蘭只占占領了法國的布洛涅，卻支出與戰果不成比例的龐大經費，壓垮了財政。

紳士的圈地運動

亨利八世為了籌措戰爭經費出售的土地，大多是由「紳士」所買下。所謂的紳士，指的是新崛起的地主。在這個時代，土地的擁有者從貴族轉變成了新抬頭的紳士階級。紳士將得到的土地當作牧羊場使用，更加促進英格蘭毛織品的發展，並逐步成為紳士階級的經濟支柱。

為解決長期的財政困難，亨利八世還進行了貨幣的改鑄。也就是蒐集市面上流通的貨幣，重新鑄造成金或銀的含量較低的貨幣，再發行到市場上。如此一來，貨幣的量雖然增加了，但貨幣本身的價值卻降低了。從外國的角度來看，等於可以用比較便宜的價格買到英格蘭的商品，出口因而有所成長。

英格蘭出口的商品以原毛（毛織品的原料）及毛織品為主，紳士為了因應這類需求的增加，便奪取農民的田地或共有地，以石頭或柵欄圍成牧羊場，這被稱為「圈地運動（第一次圈地運動）」。因圈地運動失去了耕地及謀生手段的農民不得不離開農村，產生了大量生活困頓者及遊民。

法學家湯瑪斯．摩爾擔憂此一現象，在著作《烏托邦》中以「羊吃人」的形容點出了這個問題。湯瑪斯．

摩爾曾在亨利八世手下任官，並當上大法官，位居法律界的頂點。但他反對亨利八世脫離天主教會，在至尊反案通過後便辭去了大法官一職。亨利八世以他的辭職觸犯反逆罪為由，於一五三五年七月將其處死。

統治威爾斯與愛爾蘭

在亨利八世的統治期間，英格蘭與周邊各國的關係也出現了變化。一五三六年通過的「威爾斯法案」將威爾斯併入英格蘭，連帶地也產生了威爾斯要跟著施行英格蘭的法律等統治架構上的變化。形式上雖然成為了同一個國

亨利八世統治時期的共主邦聯

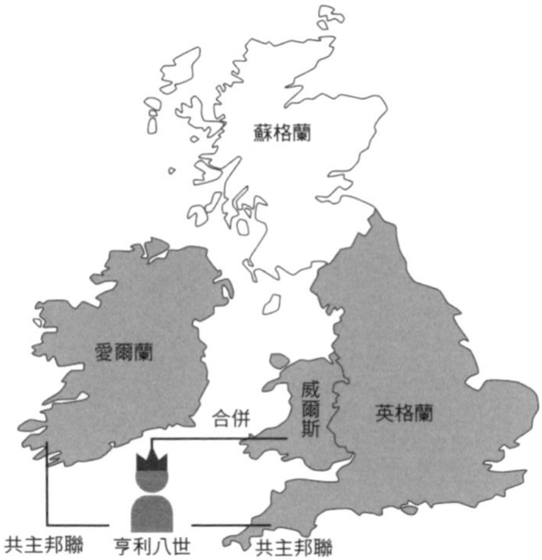

家，威爾斯仍然保留了自己的文化，直到今日還是有脫離英格蘭獨立的聲浪。

愛爾蘭則是原本就已經受英格蘭國王統治（詳見63頁）。

但羅馬教宗與英格蘭國王因宗教改革而分道揚鑣後，愛爾蘭議會在一五四一年決議愛爾蘭獨立成為一個國家，以及由亨利八世擔任國王。如此一來，英格蘭與愛爾蘭便形成了由同一名君主兼任不同國家國王的「共主邦聯」。

雖然亨利八世有意像英格蘭那樣在愛爾蘭推動中央集權，但由於地方的有力諸侯懷抱強烈的獨立意識，而且天主教信仰自古以來就深植人心，因此未能完全統治愛爾蘭。

動盪後的王位繼承

亨利八世的新妻子安妮·博林生下了一名女兒，取名為伊麗莎白。由於沒有得到自己渴望的兒子，亨利八世將安妮冠上私通的罪名並處死，又與曾擔任宮庭侍女的珍．西摩結婚，終於迎來夢寐以求的兒子（愛德華）。後來亨利八世又數度再婚，一生總共娶過六名妻子，但只生下了愛德華一名兒子。

愛德華在亨利八世死後，於一五四七年以九歲之齡即位成為愛德華六世。

宗教改革的影響延續到了愛德華六世的時代。希望英格蘭國教會保留天主教元素的保守派，以及試圖讓英格蘭國教會新教化的改革推進派展開了你來我往的攻防。

愛德華六世是接受新教徒教育長大的，到了他即位後，英格蘭國教會便走上了新教化之路。由於愛德華六世當時還年幼，因此實際推動改革的，是以他的舅父薩默塞特公爵為中心的勢力。薩默塞特公爵具有攝政的身分，掌握了實權。

當時的日本

宗教革命不僅撼動了英格蘭，連日本也受到其餘波影響。西元一五四九年，天主教耶穌會的傳教士沙勿略於現在的鹿兒島縣上岸，將基督教傳至日本。沙勿略因新教的擴張而產生危機感，於是來到亞洲傳教。

亨利八世主要的妻子及子嗣

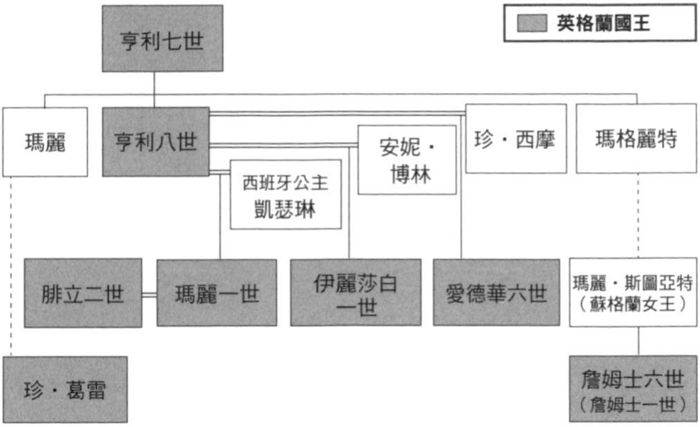

「禮拜統一法」與《公禱書》禁止以拉丁語進行禮拜，規定必須使用英語，並統一了新教的禮拜形式。但民眾的信仰其實分歧不一，甚至有一部分強烈反對新教化的群眾發動叛亂。

愛德華六世因體弱多病，即位六年後去世。亨利八世與第一名妻子——亞拉岡的凱瑟琳生下的女兒瑪麗成為繼任者。

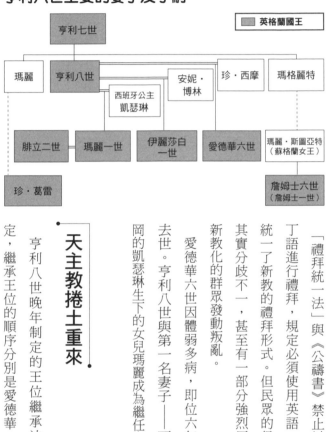

天主教捲土重來

亨利八世晚年制定的王位繼承法規定，繼承王位的順序分別是愛德華、瑪麗、伊麗莎白，但相當於亨利七世曾孫女的珍．葛雷被身邊的人推上了王位。然而她僅在位九天便遭廢黜，後來被處死。於是瑪麗遵循王位繼承法在一五五三年即位成為英格蘭女王（瑪麗一世）。

由於瑪麗的母親西班牙公主凱瑟琳為天主教徒，受到她的影響，瑪麗一世也是虔誠的天主教徒。因此瑪麗一世即位之後便展開行動，有意重振天主教。在她即位那一年，議會便決定廢除禮拜統一法等愛德華六世時代制定的法律。隔年則又廢除了至尊法案等亨利八世時代的法律，並在教宗的特使面前下跪賠罪，以獲得教宗的原諒。

瑪麗一世雖然努力回歸天主教，但卻未能重啟修道院、歸還遭充公的教會財產。原因在於議會的成員是靠著解散修道院得到土地、從中獲益的紳士階級，所以他們並不接受瑪麗一世的想法。另外，如果不出售過去是修道院的領地，國家財政將難以支撐下去，使得瑪麗一世面臨了身為天主教徒的理想，以及身為女王治理國家的現實之間的兩難。

在得知天主教徒瑪麗一世即位之時，人民預想宗教改革將會開倒車。國內天主教徒對瑪麗一世的即位感到開心，相反地也有新教徒畏懼遭到迫害而逃往國外。沒有逃亡，但也不願接受天主教信仰、堅信新教的人則遭判異端罪並處以火刑等，受到嚴重迫害，人數多達三百人。由於實行如此專斷嚴苛的天主教政策，瑪麗一世因而被稱作「血腥瑪麗」。

與西班牙結盟

除了重振天主教外，瑪麗一世也結了婚並設法留下繼承人。這是因為沒有孩子的話，王位就將由她的妹妹、信奉新教的伊麗莎白繼承，自己好不容易推行的天主教政策將化為烏有。

瑪麗一世挑選的丈夫，是她母親祖國西班牙的王子菲利普。英格蘭國內有許多人擔憂兩人結婚會導致英格蘭王位將來被西班牙奪去，因此表達反對。

至於西班牙這邊，為了提防與處於對立的法國開戰，有意與英格蘭聯手，這樁婚事實現了此一盤算。同時，為防止英格蘭王位落入西班手中，議會決定只有瑪麗一世尚在人世且兩人仍為夫妻時，才承認菲利普的英格蘭王位（菲利普一世）。

這樁婚事對英格蘭並沒有帶來好處。婚後菲利普一世即位成為西班牙國王（菲利普二世），與法國開戰。英格蘭應菲利普二世的要求參戰，但卻失去了在歐陸最後的領地加萊。而且因身為西班牙國王的政務繁忙，菲利普一世停留在英格蘭的時間短暫，瑪麗一世並未產子，且於一五五八年病倒，在位期間僅五年。

國教會重新出發

瑪麗一世死後，她同父異母的妹妹伊麗莎白在一五五八年以二十五歲之齡即位成為伊麗莎白一世，展開了長達四十五年的統治。伊麗莎白一世與瑪麗一世一樣，面臨著國內混亂的宗教問題與繼承人問題等重大課題。雖然伊麗莎白一世是新教徒，但她不像瑪麗一世那樣憑著熱情朝理想橫衝直撞，而是尋找方法將國家團結起來、充實國力，屬於務實主義者。

伊麗莎白一世在即位隔年重啟了至尊法案與禮拜統一法，但相較於亨利八世與愛德華六世的時代，可以看出她有顧慮到天主教徒。

例如，亨利八世將自己定為「英格蘭教會的最高領袖」，伊麗莎白一世則改為「最高統治者」，表明國王為世俗的掌權者，希望藉由與教會的權力保持距離，獲得廣大人民的認同。

在禮拜的形式方面，她維持了愛德華六世所訂下的規定，但也保留主教制度等天主教色彩，表現出寬容性。所謂的主教制度是以國王為領袖，其下設有兩個大主教區，再於大主教區下設置主教管理各教會的制度。

伊麗莎白一世又在一五六三年頒布了「三十九條信綱」，統整出英格蘭國教會的信仰內容。三十九條信綱避免做出嚴格的規定，讓天主教徒也能夠接受。伊麗莎白一世的目標是先盡可能吸引更多民眾進入國教會。

至尊法案、禮拜統一法、三十九條信綱制定完成後，不僅支撐起伊麗莎白一世的宗教政策，也確立了英格蘭國教會。

不願合作的兩個教派

希望過去的天主教復活的族群，以及追求更嚴格的新教教義的族群，都對於伊麗莎白一世中庸的宗教政策不滿意。因此曾有人擔憂，對於英格蘭國教會的不滿是否會引發叛亂。重視體制安定的伊麗莎白一世在即位之初，曾避免與上述族群發生衝突，不過到了統治後期，她加大了鎮壓的力道，甚至祭出處死等手段。

反抗伊麗莎白一世的教派可大致分為兩派。第一個是希望英格蘭國教會更加新教化的喀爾文派信徒，他們被稱為「清教徒」。這個稱呼是從英格蘭國教會信徒揶揄追求嚴格教義的喀爾文派信徒「清純」而來的。清教徒成為了英格蘭國內一項不穩定的因子，並在日後發起革命。

另一派則是天主教徒。由於國王的統治未能深入到篤信天主教的諾森伯蘭等北部地區，因此實權掌握在自古以來的有力貴族手上。這些貴族原本就想把信奉新教的女王拉下台，前蘇格蘭女王瑪麗．斯圖亞特剛好給了他們一個機會。

瑪麗是因亨利七世的聯姻政策嫁到蘇格蘭的瑪格麗特的孫女，由於發生醜聞而被逼下王位，於一五六八年逃至英格蘭。瑪麗是天主教徒，而且具有能夠主張英格蘭王位繼承權的血統，因此一部分貴族擁立瑪麗，於一五六九年發動叛亂。但因無人響應，叛亂以失敗作收，最終反而使得王權深入到北部地區。

在這之後，英格蘭國內的天主教徒雖然遭受迫害，仍勉力將信仰延續下去。

擊敗無敵艦隊

除了一步步處理好國內的宗教問題，伊麗莎白一世在外交上也有所斬獲。她在即位後馬上簽訂了卡托－康布雷西和約，結束與法國的戰爭。另外，伊麗莎白一世在蘇格蘭信奉新教的貴族對法國的統治發動叛亂時，趁機給予協助，逼法軍退出了蘇格蘭。在此之後，法國國內因宗教戰爭（法國宗教戰爭）陷入混亂，勢力逐漸衰退。

而西班牙也和法國一樣，為了因應尼德蘭（荷蘭）的獨立運動等問題而紛亂。歐陸的兩大強國此時無暇對外發動侵略，這樣的情勢對伊麗莎白一世而言十分幸運，讓她得以在即位後專心打穩基礎。

後來，因尼德蘭獨立問題產生的對立、伊麗莎白一世處死了菲利普二世所支持的瑪麗・斯圖亞特，以及法蘭西斯・德瑞克等海盜的私掠船屢屢攻擊西班牙商船等原因，導致英格蘭與西班牙關係惡化。

所謂的私掠船，是指取得國王的許可證，合法劫掠的海盜船，部分的獲利會上繳給女王伊麗莎白一世。從另一種角度來看，等於是伊麗莎白一世下令掠奪西班牙船隻的，這對西班牙而言是無法容忍之事，於是兩國在多佛海峽展開海戰。

當時西班牙海軍擁有壓倒性的軍力，有「無敵艦隊」之稱，但遭到徵召海盜船

的英格蘭艦隊（副司令為德瑞克）擊敗，為伊麗莎白一世的統治增添豐功偉業。為防範西班牙再度來犯而增加國防經費，雖然會導致財政惡化，但這場無敵艦隊之役的勝利，成為振奮英格蘭國民的「神話」。戰勝無敵艦隊的自信，建立起英格蘭日後成為海洋帝國的精神基礎。

君主專制的最高峰

包括針對西班牙的防禦在內，英格蘭並沒有常規軍隊，而是在必要時徵集民兵或傭兵，這是有別於歐陸其他君主專制國家的一大特色。

君主專制是指國家的主權歸國王所擁有的一種狀態。中世紀的封建國家並不存在由單一政治權力統治國家的情形，在國家的領地經常沒有劃分清楚，諸侯集中管理自己領地的封建社會中，「團結為國」的觀念相當薄弱。

封建國家後來逐漸發展成了領地明確劃分、只有國王擁有權力、由國王治理的

英格蘭的君主專制

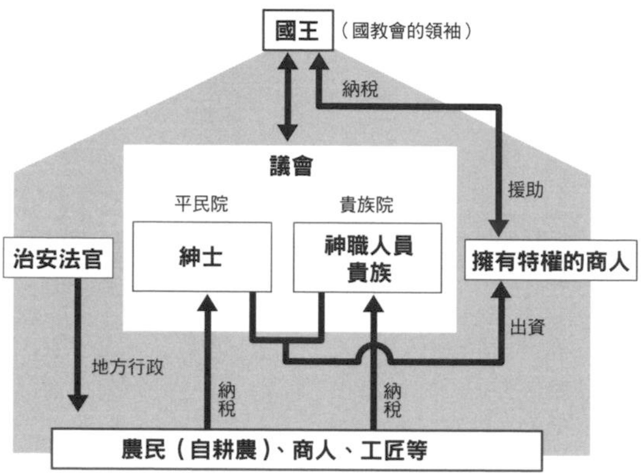

主權國家，其原因之一便是戰爭。國家必須透過徵稅及徵兵的方式建立常備軍，以因應規模日益擴大的戰爭。

然而伊麗莎白一世統治的英格蘭，幾乎沒有在君主專制下理應供國王運用的常備軍，以及負責地方行政的官員。

由於英格蘭是島國，擁有常備陸軍的必要性不高，只要在戰時集結雇來的農民，就能成為暫時性的戰力。在海軍方面，同樣因為利用自古以來就存在的海盜更有效率，所以不需要常備軍等級的軍隊。即使沒有常備軍，英格蘭仍然具備充足的軍事力量。

至於地方行政，則是任用在地方上實力雄厚的紳士而非派遣官員，由政府挑選出紳士，將其任命為治安法官管理各地。治安法官雖然是無給職，但能基於國王的權威治理地方、進行審判等。

而中央政治方面，則在宮廷中發展出以伊麗莎白一世為頂點的恩寵關係。這指的是給予特定的個人或團體特別的照顧。女王藉由賜予貴族的稱號、官職、土地等各式各樣的名譽或權利，提升朝臣對自己的向心力及忠誠。伊麗莎白一世也透過調整恩寵的分配，維持宮廷內有力人士與派系間的平衡，避免權力過於集中。

伊麗莎白一世利用紳士與恩寵取代官員，使她的統治時期達到了君主專制的最高峰，也被稱為黃金時代。

東印度公司與重商主義

伊麗莎白一世給予的恩寵之一，就是專賣特許。得到專賣特許的團體，能在國家保護下以極為有利的條件從事貿易及商業活動。而專賣則代表沒有其他的競爭組織或團體，因此能夠自由訂定商品價格。由於是唯一的販賣管道，所以即使價格昂貴，只要有需求就仍然能夠成交。

「東印度公司」成立於伊麗莎白一世的時代，是全世界第一家透過專賣擁有貿易特權的股份公司，東印度指的是現在的印度及東南亞地區。該公司將胡椒之類的香料等歐洲沒有的商品運往歐洲銷售，藉此獲利。

這種以低價購入物品，再以高價賣出的「貿易差額主義」不僅限英格蘭，也是君主專制中常見的「重商主義」所採取的一種經濟政策。所謂的重商主義，是指在經濟的三大要素──「製造」、「運輸」、「消費」中，把重點放在「運輸」上，將國家的資金及人才投入到物流以累積財富。

伊麗莎白統治下的陰暗面

在君主專制的體制下，國王會介入經濟活動以此牟利，並與其他各國對抗。

儘管伊麗莎白一世在宗教、外交、內政等層面都取得了豐碩的成果，但國內的社會情勢卻為晦暗所籠罩。尼德蘭（荷蘭）的獨立戰爭使得英格蘭失去了毛織品的重要市場，經濟陷入停滯。國內因而充斥失業人口，產生貧民及遊民。

為解決此一狀況，英格蘭在一六〇一年制定了《救貧法》，在英格蘭國教會基層的每個教區向民眾徵收救貧稅，用於取締失業者、貧民、遊民。救貧法開啟了英國社會保障制度，可說是現代社會福利的先驅。

毛織品以外的新產業興起、開拓新市場、類似東印度公司那樣得到特許的公司成立，都是在此時空背景下為提振經濟所做的努力。然而，許多社會問題無法在伊麗莎白一世任內就得到解決，成為了繼任國王的課題。

都鐸王朝的終結

伊麗莎白一世晚年的一大煩惱，是不知該讓誰繼承王位。自她即位之初，就有數名出身國外王室的結婚人選浮上檯面，但由於結婚就等於同盟，將成為外交上重大的變數，因此在政治、宗教上充滿了各種考量。再加上有瑪麗一世受到國外因素影響的前車之鑑，伊麗莎白一世對於結婚的態度始終保守，結果終生未婚，也因此沒有繼承人。

伊麗莎白一世自己並沒有指定要由誰來繼承，而且她也禁止旁人討論王位繼承問題。話雖如此，各派系間仍為了伊麗莎白一世死後要推誰出來繼任而在暗地裡爭鬥。最有力的人選，並在後來繼承了英格蘭王位的，是亨利七世的玄孫、瑪麗·斯圖亞特之子——蘇格蘭國王詹姆士六世。

伊麗莎白一世於一六〇三年去世，都鐸王朝步入歷史，在新王朝的統治下，英格蘭也迎來了嶄新的時代。

始於亨利七世的都鐸王朝，見證了英格蘭由封建國家轉型為君主專制的主權國家。統治民眾的階級從貴族變成了紳士，宗教改革讓教會維持中庸路線，在社會結構產生巨大轉變的過程中，建立起國王絕對的權力。這些變革在伊麗莎白一世的時代開花結果，當時可說是英格蘭的巔峰期，也是延續至今的英國國教會、日後的海洋帝國、福利國家的起點。

詹姆士一世統治時期的共主邦聯

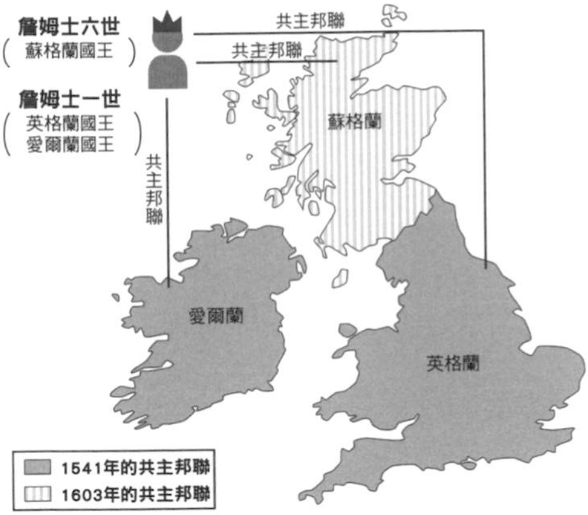

斯圖亞特王朝的開端

擁有都鐸王朝血統的蘇格蘭國王詹姆士六世即位成為英格蘭國王詹姆士一世，於是蘇格蘭與英格蘭在一六〇三年形成了「共主邦聯」。由於英格蘭國王自一五四一年起便兼任愛爾蘭國王，因此詹姆士一世同時成為三個國家的國王。

詹姆士一世所統治的蘇格蘭直到十三

世紀前後，都還固守封建制，一三二八年時才正式建立「蘇格蘭王國」。

金雀花王朝的愛德華一世時期，即使英格蘭入侵屢屢威脅到蘇格蘭的獨立，但在盟友法國的援助下仍維持住了王國。一三七一年登基成為國王的羅伯特（羅伯特二世）由於即位前曾以攝政身分的「王室總務官（Steward）」掌理國務，因此由他開啟的王朝稱作「斯圖亞特王朝」，一直延續到一七一四年。

詹姆士六世（一世）的母親瑪麗・斯圖亞特統治期間發生了宗教改革，大多數國民改信喀爾文派。蘇格蘭的喀爾文派被稱為「長老宗」。

與清教徒的對立

英格蘭國內的清教徒對於詹姆士一世的登基寄予厚望。他們認為，喀爾文派的國王即位便會徹底實施宗教改革。清教徒還在詹姆士一世前往倫敦準備即位的途中遞交了千人請願書，要求進一步的改革。

對此，詹姆士一世在隔年舉行了協商，讓英格蘭國教會的神職人員與清教徒的神職人員對話（漢普頓宮會議）。然而詹姆士一世拒絕了清教徒的要求，並宣稱「沒有主教，就沒有國王」，表明自己將維持英格蘭國教會。

清教徒對新任國王的歡迎隨即消失。在此之後，受到詹姆士一世鎮壓的清教徒為了逃避迫害前往北美洲，建立了普利茅斯殖民地，他們被稱為「朝聖先輩」。

朝聖先輩之所以選擇北美洲，是因為有一六〇七年建立的維吉尼亞殖民地這個先例。從維吉尼亞殖民地開始，到一七三二年為止，英格蘭總共在北美建立了十三處殖民地。

無視議會的國王

詹姆士一世與議會間也存在對立。在議會占多數的紳士由於是地方上的有力人士，培養出了實力，成為國王在施政上無法忽視的存在。然而詹姆士一世卻以

「君權神授」為由，推動無視議會意見的政策。君權神授是一種認為國王的權力乃是神明所賜予，具有絕對性且不容反抗的思維。英格蘭、法國等君主專制國家都利用這種思想來維持體制。

詹姆士一世是君權神授說的強力擁護者，甚至還寫了一本名為《自由君主制的真正法律》的書。他與「即使是國王也應該受到法律規範」這種英格蘭傳統的普通法思維不對盤，加劇了與議會之間的對立。

之前的都鐸王朝同樣是君主專制，國王與議會的關係也絕非融洽，但伊麗莎白一世等國王並沒有無視議會，仍會透過議會通過重要法案。

雖說是為了解決伊麗莎白一世時代以來的不景氣，但詹姆士一世屢屢要求課稅、濫用特權等行徑，使得議會日益不滿。

對天主教徒的態度出現轉變

一六〇五年發生了「火藥陰謀」事件，天主教徒在議會的地下室安裝炸藥，計畫殺害議員與詹姆士一世，結果事跡敗露。現在的英國雖然還有祭典是以主謀蓋・福克斯命名，但這起事件在當時引發了民眾對天主教徒的強烈反感。這種反感經過助長，導致民眾開始仇視天主教徒。

此外，一六一八年在德國發生的叛亂後來發展成了歐洲各國都被捲入的戰爭（三十年戰爭）。這場戰爭被定位為天主教與新教的最終決戰，是一場宗教戰爭。雖然民眾期待英格蘭站在新教這邊參戰，但詹姆士一世出於財政困難等因素，不希望舉國投入戰爭，僅以提供資金、派遣援軍等方式給予消極支援。

當時的日本

一六一三年，東印度公司的商船丁香號航行到了日本。英格蘭方除了遞交國書給德川幕府將軍，還致贈毛織品、望遠鏡，並帶回了盔甲等物品，兩國也因此開始進行貿易。一六一三年後來被訂為英日交流的開始年，以茲紀念。

民眾的反天主教意識更加高漲，批判的砲火集中到不願明確表態的國王身上。

專制程度超越父親

詹姆士一世於一六二五年去世，由兒子查理即位成為查理一世。查理一世和父親一樣主張君權神授，在施政上無視議會，因此議會在一六二八年提出了《權利請願書》，籲請國王不要做出隨意課稅等行為。

查理一世短暫接受了議會的請求，但隔年便解散議會，在之後的十一年間實行專制政治，不曾召開議會。他調高關稅及罰金，希望不經議會許可也能度過財政難關，結果招來各方反彈。此外，與天主教徒結婚、恢復天主教禮拜儀式等親天主教的作風，也令查理一世逐漸失去民心。

結束其十一年專制政治的契機，是蘇格蘭發生的暴動。

查理一世強迫長老宗占多數的蘇格蘭接受英格蘭國教會的儀式及祈禱書，此舉是有意在宗教上統一共主邦聯下各自獨立的英格蘭與蘇格蘭。這引起了蘇格蘭民眾的強烈反彈，於一六三九年爆發第一次主教戰爭。為籌措戰爭所需經費，查理一世勉為其難地召開了議會。

但議會全都在批判查理一世，僅召開三週便遭解散，因此被稱為「短期議會」。結果英格蘭在一六四〇年再度與蘇格蘭爆發戰爭（第二次主教戰爭），英格蘭因戰敗而必須賠款，被迫召開議會。這次召開的議會維持了十二年以上，被稱為「長期議會」。長期議會也成了英格蘭接下來的革命最主要的舞台。

長期議會與短期議會一樣，不願任憑國王擺布。針對查理一世的失政，議會做出了定期召開議會、廢除君主專制的根源——星室法庭、未經議會同意禁止課稅等決議。

議會後來雖然分裂成了數個派系相爭，不過對於終結查理一世的專制政治，恢復英格蘭的傳統政治這個目標，幾乎是砲口一致地通過法案、推動改革。然而，國會內部在英格蘭國教會的主導權該歸誰的問題上產生了意見分歧，氣氛開始緊張起來。

就在此時，愛爾蘭發生了天主教徒的叛亂，數千名英格蘭人遭殺害。誇大被害者人數的謠言滿天飛，甚至有懷疑愛爾蘭其實和查理一世聯手的臆測四處流傳。議會內部對於要由國王或議會率軍鎮壓愛爾蘭的叛變意見不一，國王與議會的關係也惡化到了無法修補的地步。

混亂之中，一部分議員針對查理一世的失政草擬了《大抗議書》，並在議會中以十一票的些微之差通過，但議會的分裂已無可避免。

清教徒革命

因大抗議書的關係，國王下令逮捕與自己對立的議員，進而發展為內戰。靠向查理一世陣營的，主要是擁有特權的一部分紳士及貴族，信仰英格蘭國教會。站在議會這一邊的，則以大部分不具特權的紳士、工商業人士、自耕農為主。

由於有許多人是清教徒，而且也是這場革命的核心人物，因此得到「清教徒革命」之名。前者被稱為保皇派或騎士黨，後者則被稱為議會派或圓顱黨。

用來稱呼保皇派的騎士這個詞帶有輕浮、留長髮的花花公子之意，而陽剛、禁慾的清教徒居多的議會派則是妹妹頭（圓顱）造型，彼此都以這種輕蔑之詞稱呼對方。

清教徒革命的各方勢力

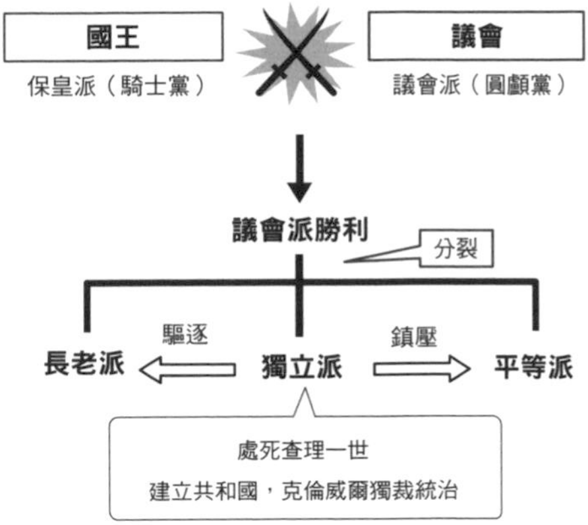

開戰之初的局勢雖然是保皇派占上風，但由於議會派與蘇格蘭聯手，以及指揮議會派的紳士——平民院議員奧立佛．克倫威爾登場，議會派又重振聲勢。擺脫了過去身分制度與地緣束縛的新模範軍在克倫威爾的帶領下表現出色，保皇派在一六四五年的納斯比之戰後投降，內戰暫告一段落。

然而，議會派對於打倒共同敵人查理一世後，戰後的政治體制及如何處置國王意見不一，分裂成了三派。

第一個派系是「長老派」，他們希望以承認國王存在的君主立憲制為主軸迅速恢復秩序，並根據喀爾文主義建立長老制的國教會。

第二個派系是克倫威爾所屬的「獨立派」，認為不應建立英格蘭國教會或長老派之類的全國性組織，而是讓各地具有自主性及獨立性，保障信仰自由。此外，獨立派否定國王的存在，希望實行共和制。

議會內部分裂成了以上兩個派系，第三個派系則不是由議員，而是議會派軍隊的基層士兵組成的「平等派」，他們要求透過男性普選權讓平民參與政治，並且也贊成共和制。

查理一世察覺敵方派系鬥爭引發的混亂，再度掀起戰爭，但隨即敗北，完全失去力量。而議會派由於軍方介入等因素，長老派議員遭逐出議會，獨立派成為主要勢力。接下來，議會派設立專門審判國王的最高法庭，指控查理一世反叛、殺人、國家公敵等罪名。查理一世於一六四九年一月在白廳宮前遭公開處決。

從此之後一直到現在，英國國王都不被允許進入西敏宮內的下議院議場。

沒有國王的時代

克倫威爾領導的獨立派在革命中取得勝利後，建立了獨裁體制。一六四九年三月，平等派的領袖遭逮捕，克倫威爾並不打算將僅限議會及一部分階級擁有的權利下放給平民。接著，他廢除了君主政體及上議院，五月時正式由議會宣告改為共和制，成立了英國史上第一個「共和國（Commonwealth）」。

新政府雖然號稱共和制，但實際上是由克倫威爾進行獨裁統治。他打壓獨立派以外的敵對派系，有時甚至動用武力。

共和制成立後，克倫威爾立即派軍前往保皇派過去控制的愛爾蘭，沒收愛爾蘭的土地，用以填補戰爭開銷。

他宣稱攻打愛爾蘭是為了報復加速清教徒革命爆發的原因之一——之前在愛爾蘭發生的天主教徒殺害英格蘭人事件。這次出兵造成包括愛爾蘭民眾在內的許多人遭英格蘭軍屠殺。克倫威爾對於天主教徒特別嚴加取締，據說他還認為屠殺天主教徒是「上帝的正當制裁」。

這場征服戰爭使得愛爾蘭的土地幾乎都落入英格蘭手中，地位形同殖民地，愛爾蘭人的心中對此充滿怨恨。

至於蘇格蘭，查理一世之子查理的麾下集結了其支持者，與英格蘭展開對決。但查理敗給克倫威爾率領的軍隊，逃往法國。後來在一六五四年，英格蘭宣布合併蘇格蘭，一時之間蘇格蘭成為了英格蘭的領土。

護國公的獨裁統治

克倫威爾與其軍隊在一六五三年解散了長期國會，並在同一年召開「小議會」。小議會的議員並非透過選舉產生，而是軍隊及教會推薦而來。小議會制定了英國史上首部成文憲法《政府約法》，並進行許多激進改革，與穩健派產生對立，在該年便遭解散。

取而代之的是由軍方推舉克倫威爾出任的「護國公」獨攬大權。由於護國公具有英格蘭、蘇格蘭、愛爾蘭及殖民地組成的共和國之最高立法權，因此成為原本小議會中的激進派、剩餘的長老派及保皇派等反對勢力的眾矢之的，處境非常嚴峻。於是克倫威爾的政府便憑藉軍事力量強化獨裁統治。

克倫威爾在全國劃分軍區，並設置軍政長官，給予軍事及行政方面的權限。在軍政長官的統治下，強迫人民接受清教徒式的道德觀念，禁止娛樂及飲酒等，並嚴加取締。

克倫威爾在一六五八年因病猝逝，由兒子理察·克倫威爾繼承護國公。但理察無力收拾混亂的局面，政權因而瓦解。後來議會重新開議，找回了逃亡在外的查理二世。內戰與革命在這二十年間創造的歷史潮流，又一下子倒退回去了。

祕密專欄

伊麗莎白時代的文化

各式戲劇於常設劇院上演

都鐸王朝的歷任國王都喜愛藝術，伊麗莎白一世的統治期間更是英國文藝復興最興盛的時期。文學、音樂、建築等領域在這個時代都蓬勃發展，其中又以戲劇留下的成果最為輝煌。

文藝復興以前的戲劇，都是傳統劇團在各個季節巡迴各地演出，根據聖經編寫的神祕劇，或是由此衍生出的道德劇。到一五七〇年代之後，倫敦才出現了數座類似環球劇場的常設劇院。

英國史上最著名的劇作家——威廉・莎士比亞就是在這時展露頭角的。從以英格蘭國王為名的歷史劇，到《馴悍記》、《威尼斯商人》等喜劇，以及《羅密歐與茱麗葉》、《哈姆雷特》等悲劇，甚至是傳奇劇，他總共留下了三十七部戲劇作品，直到

莎士比亞的主要作品

<歷史劇>
《亨利六世》(共三部)、《理查三世》、《理查二世》、《約翰王》、《亨利四世》(共二部)、《亨利五世》、《亨利八世》
<四大喜劇>
《馴悍記》、《仲夏夜之夢》、《威尼斯商人》、《皆大歡喜》
<四大悲劇>
《哈姆雷特》、《奧賽羅》、《李爾王》、《馬克白》

※皆依作品完成順序排列

威廉・莎士比亞
(1564～1616)

現代仍在世界各地的劇場上演，並改編為各種影視作品。

後世認為莎士比亞的作品也對現代英語產生了影響。過去不曾有過的英語用法、充滿教養的台詞，以及將民眾關注的王位繼承問題寫入作品中等特色，都讓他深受歡迎。

雖然環球劇場因捲入了清教徒革命的紛爭而遭關閉，但後人在一九九七年於倫敦重新打造了名為「莎士比亞環球劇場」的複合設施，吸引絡繹不絕的觀光客造訪。

不可不知的英國偉人④

見證君主專制最高峰的女王

伊麗莎白一世

Elizabeth I

（1533～1603）

一心為國付出，終生未婚

伊麗莎白一世雖然以國王亨利八世的次女身分出生，但年幼時母親便遭父親處死，並被視為庶出子女，因此吃了不少苦頭。不過父親的最後一任妻子安排了家庭教師栽培她，培養出當時女性少有的深厚教養，除了英語之外，還會說拉丁語、希臘語、義大利語、法語。

從她說過的「國家就是我的另一半」這句話可以看出，她將自己獻給了國家，打造出輝煌的時代，在今日的英國仍然極受愛戴。

雖然伊麗莎白一世終生未婚，但有許多與戀愛相關的傳聞。一般相傳是伊麗莎白一世情夫的貴族羅伯特．達德利在她肩負女王的重責大任期間，提供了重要的慰藉。據說直到伊麗莎白一世死前，都還珍藏著達德利寫給她的信。

chapter 5

議會政治的確立

打壓清教徒

逃亡在外的查理回到倫敦，於一六六〇年即位成為查理二世，恢復了君主政體，也就是所謂的王政復辟。從內戰到共和制時期制定的法律，全都被當作無效，但也還是有一些事情沒辦法完全回復原狀。革命期間遭合併的蘇格蘭與愛爾蘭雖然恢復成為獨立國家，但從屬於英格蘭的關係依舊未變。

另外，查理二世回國前曾發表《布雷達宣言》，承諾不追究革命相關人等的責任、保障信仰自由、革命時遭沒收的保皇派土地後續處置交由議會決定、補發積欠軍隊的薪資等，表現出不會無視議會、推行強權政治的態度。然而，他即位後便毀棄了宣言，支持處死參與查理一世死刑判決的法官等，做出不把議會放在眼裡的舉動。

至於議會方面，則執著於讓民眾統一信仰英格蘭國教會，違背查理二世希望民眾超越宗教和諧共存的想法。這是因為議會想將主導革命的清教徒塑造為反派，讓清教徒扛下革命的責任。

議會接著通過了一連串打壓清教徒的法律。具體來說，包括禁止英格蘭國教會信眾以外的人擔任都市公職的《地方公職法》、強迫所有神職人員使用國教會統一祈禱書的《禮拜統一法》、禁止國教會以外宗教集會的《祕密禮拜禁止法》、將非國教會的神職人員驅離至都市五英哩（約八公里）以外的《五英哩法》等。

議會與國王的宗教對立

議會在王政復辟後建立了尊重英格蘭國教會的體制，但因為查理二世的作為而逐漸產生變化。

查理二世即位後不久，便在一六六二年發表「信仰自由宣言」，希望消除對天主教徒的不當歧視，承認其信仰。當時國王雖然否認自己是天主教徒，但他流亡時是在天主教國家法國受到法王路易十四世保護，使得民眾及議會對他益發不信任。

由於路易十四世屢屢對外侵略，英格蘭民眾疑慮他是否會利用自己和查理二世的關係，藉機令英格蘭成為法國的附庸，因而產生危機感。

一六六五年爆發了史上最大規模的黑死病，倫敦在約三個月的時間內有近六分之一的人口，超過七萬人死亡。隔年又發生了被稱為「倫敦大火」的重大火災，燒毀了絕大多數建築。謠言指稱火災是天主教徒縱火所引起，反映了當時強烈的反天主教情緒。

社會正值動盪之際，查理二世在一六七〇年與法王路易十四世簽下了《多佛密約》。內容是查理二世改信天主教，以及在與尼德蘭（荷蘭）的戰爭中

當時的日本

英格蘭首都倫敦遭大火肆虐的約十年前，當時日本的首善之都江戶，也在西元一六五七年發生了「明曆大火」。據說這場火災的罹難者多達十萬人，連江戶城的天守也難逃祝融之災。江戶和倫敦人口稠密的市區都因大火而災情慘重。

幫助法國，藉此獲得法國的財政援助。

查理二世在一六七二年發表了第二次《信仰自由宣言》，展現出擁護天主教的態度。面對查理二世此舉，議會在隔年通過了《檢覈法》，目的在於限制僅英格蘭國教信徒可以出任公職，將天主教徒排除在國家行政體系外。

檢覈法使得查理二世的弟弟，也是王位繼承人的詹姆士身為天主教徒一事被公開，民眾大為震驚。此外，一六七八年又傳出了天主教徒為使詹姆士登上王位，計畫暗殺查理二世的陰謀（後來證實是捏造出來的謠言），議會的敵人由清教徒轉變成了天主教徒。

托利黨與輝格黨

議會因為身為天主教徒的詹姆士繼承王位的問題，分裂成了兩派。

想將詹姆士從王位繼承人除名的一派被稱為「輝格黨」，希望議會干涉王位繼承，監視、控制王權。相反地，同意詹姆士有權繼承王位的一派被稱為「托利黨」，主張守護國王的權限，議會不應介入王位繼承。

據說這兩派的名稱，是輝格黨稱托利黨為「愛爾蘭的無法之徒」、「愛爾蘭的盜匪」，而托利黨則稱輝格黨是「蘇格蘭的謀反者」、「蘇格蘭的偷馬賊」而來的。

輝格黨為後來的「自由黨」，托利黨為後來的「保守黨」前身，這兩個政黨到二十世紀前期為止，都是議會政治中最重要的兩大黨。

托利黨重視議會與國王的合作關係，多數為英格蘭國教信徒。他們的盤算是詹姆士的長女瑪麗及次女安妮是英格蘭國教信徒，就算詹姆士成為國王，推動禮遇天主教徒政策，但只要瑪麗或安妮在他之後繼承王位的話，就沒什麼好擔心的。

托利黨與輝格黨的爭鬥在議會內外持續不休，最終還是沒有通過與王位繼承人相關的新法案。查理二世在一六八五年去世後，便由天主教徒的國王即位。

捍衛天主教的國王

詹姆士二世於一六八五年在民眾的疑慮中即位。不出所料，他提出了保護天主教的政策，也因此與效忠國王的托利黨關係開始惡化。

詹姆士二世要求議會廢除檢覈法等歧視天主教徒的法律，遭議會拒絕後，他便解散議會，動用皇家特權推動政策。

例如國王要無視檢覈法，錄用天主教徒擔任公職時，會行使名為「免除適用權」的皇家特權，讓受錄用的天主教徒免遭問罪。此外，另一項皇家特權「停止執行權」則能令歧視天主教徒的刑罰法停止執行。這些皇家特權的濫用，使得議會制定的法律失去了意義。

詹姆士二世還以書面方式詢問所有公職人員是否支持他的政策，並視回答決定其去留。許多托利黨議員因為信仰英格蘭國教會的關係，不支持國王的親天主教政策，結果被逐出議會。

詹姆士二世失去了原本效忠的托利黨的支持，於是轉而向對信仰抱持寬容態度的輝格黨尋求新的支持勢力。但全體國民對他的批評已經無關政黨或宗教立場，支持度蕩然無存。

不流血的革命

外界原本以為庇護天主教徒的政策只會存在於詹姆士二世在位期間，但一六八八年六月，詹姆士二世的第二任皇后摩德納的瑪麗生下了兒子。如此一來，下一任國王或是更之後的國王統治期間，也都有可能延續這樣的政策。

面對此一事態，原本對立的托利黨與輝格黨都做出了讓步，並聯手尋求方法盡早因應。議會透過書面方式請荷蘭省督（實質上的荷蘭國王）威廉三世以武力幫助他們脫離國王統治，尋求其協助。

威廉三世的母親是查理二世的妹妹，詹姆士二世的姐姐，而且妻子是詹姆士二世的長女瑪麗。也就是他們夫妻雙方都有英格蘭王室的血統。

此外，荷蘭過去受天主教國家西班牙統治，但經歷了一五六八年起的八十年戰爭後，終於在一六四八年獨立。荷蘭是喀爾文派占多數的新教國家，而勇敢對抗法國侵略的威廉三世所表現出來的，正是英格蘭議會心目中理想的國王形象。

雖然對威廉三世而言是與親戚，對他的妻子而言是與自己的父親反目，但威廉三世還是接受了英格蘭議會的邀請。於是他在一六八八年十一月以保護新教為由，登陸英格蘭的西南部。威廉三世委任議會維持英格蘭的法律及自由權利，因而獲得英格蘭民眾壓倒性的支持。連原本應該前來迎擊的英格蘭王室軍隊，也幾乎都支持威廉三世。

詹姆士二世認清了情勢對自己不利，於是放棄抵抗，於十二月逃往法國。

如此一來，英格蘭未遭遇嚴重的流血便成功革命，因此這場革命被稱為「光榮革命」。

議會政治揭開序幕

威廉三世取代詹姆士二世入主了倫敦。由於詹姆士二世逃亡造成王位懸空，威廉三世與妻子瑪麗便在一六八九年共同即位，成為威廉三世與瑪麗二世。

出於威廉三世的希望，國王的住處由白廳宮遷移到了倫敦郊區的肯辛頓宮。

而原本是國王正式住所的白廳宮因一六九八年的火災而無法再使用，同樣由亨利八世於倫敦興建的「聖詹姆士宮」則供英格蘭王室居住，一直到一八三七年。

這兩位國王即位時，簽署了明文規定要保衛英格蘭的法律與自由的《權利宣言》，議會後來又根據《權利宣言》制定出了《權利法案》。《權利法案》全名為《國民權利與自由和王位繼承宣言》，法案中禁止國王實行專制政治及不經議會同意課稅等。

《權利法案》將國王的地位限定為「議會內的國王」，並確立了英國一直延續到今日的「君主立憲制」與「議會政治」的原則。此外還規定，本人或配偶為天主教徒者不具繼承王位的資格，將天主教徒排除在王位繼承人之外。

議會還通過了《寬容法案》，規定只要向國王宣誓效忠的話，清教徒等非國教信徒者就不會受到宗教相關的處罰。話雖如此，天主教徒及無神論者並

當時的日本

西元一六八〇年，德川綱吉成為江戶幕府第五代將軍。德川綱吉為人所熟知的事蹟是他曾頒布《生類憐憫令》，但其實他也將日本由過去以武力治國的「武斷政治」轉變成根據法律治國的「文治政治」，等於進行了日本政治上的革命。

不適用於寬容法案，而且《地方公職法》、《檢覈法》仍然存在，清教徒依舊無法擔任公職，獨厚英格蘭國教會的體制並未改變。

資產階級革命？內亂？

清教徒革命與光榮革命合稱「英國革命」，可以定位為英國的「資產階級革命」。所謂的資產階級革命，是指以都市裡的工商階級（市民、資產階級）為中心發動的革命，贏得了原本由國王或貴族、神職人員獨占的權利。資產階級革命是在摧毀君主專制體制，轉型為現代化國家的過程中所發生。

近年來也有看法認為英國革命不能稱為資產階級革命。這是因為東印度公司等特權團體仍持續存在，侵害工商階級的權利。更進一步來說，革命的主體是紳士及自耕農，僅有一部分工商階級參與，可說是內亂而非資產階級發起的革命。

其實英國國內某些歷史課也教導英國革命是內亂，若與發生於十八世紀後期的美國獨立戰爭或法國大革命等資產階級革命相比，就會認同這種看法有其道理。

其他國家也遭受波及

英格蘭王位因光榮革命而易主後，共主邦聯的另外兩個成員——蘇格蘭及愛爾蘭也受到了影響，局勢比英格蘭更混亂。

蘇格蘭是由「長老宗」掌握議會的主導權。一六八九年蘇格蘭議會通過了《權利要求法案》，要求將長老宗定為國教。當時的國王屢屢在宗教上對蘇格蘭做出打壓及強制行為，於是蘇格蘭以英格蘭承認該法案當作認可威廉三世與瑪麗即位的條件，而英格蘭也同意了，蘇格蘭便透過交換條件贏得了信仰自由。

因抗拒這項由長老宗主導的議會推動的變革，支持詹姆士二世的勢力發起了武裝叛亂。叛亂雖然遭到鎮壓，但他們在日後仍主張應該由詹姆士二世的子孫繼承王位，於是便被稱為「詹姆士黨」。詹姆士黨始終心存不滿，十八世紀時同樣曾發動叛亂。

愛爾蘭的詹姆士黨則與受到法軍援助的詹姆士二世聯手同英格蘭作對，但最終由英格蘭軍獲勝。

此後，愛爾蘭的天主教徒在英格蘭的統治下受到了比過去更嚴格的限制，雖說是共主邦聯，但實際上等同英格蘭的殖民地。愛爾蘭議會由信奉英格蘭國教的議員組成，也就是絕大多數為天主教徒的愛爾蘭民眾，被少數的英格蘭國教信徒所統治。

殖民地日益擴張

除了鄰近的愛爾蘭，英格蘭統治的殖民地還遍及印度、北美大陸等世界各地。

於伊麗莎白一世統治期間設立的東印度公司，起初是在現今印尼的摩鹿加群島透過香料貿易獲利。但經過一六二三年的安汶大屠殺，與荷蘭勢力相爭敗北後，便退出了摩鹿加群島，改往蒙兀兒帝國（印度）發展。東印度公司於十七世紀在馬德拉斯（清奈）、孟買、加爾各答等地建立據點，逐漸控制了印度。

北美大陸的十三處殖民地也大多是在十七世紀建立的，由北美大陸殖民地發展出的勢力爭奪，在光榮革命之後愈演愈烈。

威廉三世的對外戰爭

威廉三世的外交方針，是打壓法國的勢力。

光榮革命前不久，神聖羅馬帝國的其中一名選帝侯（具有神聖羅馬帝國皇帝投票權者）——普法爾茨選侯在一六八五年去世時，法國主張有權繼承其領土，並於一六八八年入侵。在當時尚未成為英格蘭國王的威廉三世的提議下，荷蘭、瑞典等新教國家與西班牙、神聖羅馬帝國等天主教國家組成了「奧格斯堡同盟」與之對抗。

十七世紀後期～十八世紀前期的英法戰爭

戰爭	年	地點
大同盟戰爭（九年戰爭）	1688～1697	西歐
威廉王之戰	1689～1697	北美大陸
西班牙王位繼承戰爭	1701～1714	西歐
安妮女王戰爭	1702～1713	北美大陸與西印度群島

這場戰役被稱為大同盟戰爭（九年戰爭），威廉三世經光榮革命即位成為英格蘭國王後，也加入同盟參戰。

英格蘭與法國在大同盟戰爭中的對立還波及殖民地，英法兩國同時也在北美殖民地展開了威廉王之戰。

大同盟戰爭與威廉王之戰開啟的英法兩國殖民地勢力之爭延續到了十九世紀初，被稱為第二次百年戰爭。第二次百年戰爭牽涉到歐洲各國彼此的利害關係，是一場情勢複雜的戰爭。

大同盟戰爭與威廉王之戰在一六九七年簽訂雷斯威克條約後宣告結束。法國在條約中承認了威廉三世繼承英格蘭王位，並以金錢交換放棄繼承普法爾茨選侯。歷經八年戰爭卻沒獲得多少利益，使得路易十四世的威望開始產生動搖。

至於英格蘭則為了籌措長期戰爭所需的經費，於一六九三年實施國債制度。隔年則設立了相當於現今英國中央銀行前身的英格蘭銀行，負責國債的認購。如此一來就得以舉債支應長期的戰爭費用，安定國家財政。

成為歐洲數一數二的強國

大同盟戰爭結束後不久，威廉三世又投入了一七〇一年展開的西班牙王位繼承戰爭。這場戰爭是因為英國、荷蘭、奧地利反對法王路易十四世之孫繼承西班牙王位所引起的。開戰後不久，威廉三世便因墜馬意外引發的傷勢而去世，打壓法國勢力的任務便交到了下一任國王手上。

由於瑪麗二世已在威廉三世之前去世，根據權利法案的規定，瑪麗二世的妹妹安妮於一七〇二年登上王位。西班牙王位繼承戰爭在安妮的統治期間戰火持續延燒，英法並同時上演了殖民地之爭。這場戰爭被稱為安妮女王戰爭，主要戰場位在北美及西印度群島。英格蘭在戰爭中自始至終都維持優勢，並於一七一三年與法國等國簽訂烏得勒支和約，結束了這場戰爭。

根據這項和約，英國承認路易十四世之孫為西班牙國王，藉此從法國及西班牙手上交換到位於地中海與大西洋間交通要道上的直布羅陀與北美大陸的殖民地。此外，西班牙對美洲殖民地的「黑奴供給權」也轉讓給了英格蘭。這是一項將非洲黑人當作奴隸供應給殖民地的權利，因此擴大了英格蘭的殖民地貿易。經過了西班牙王位繼承戰，英格蘭終於躋身歐洲強國之列。

對法戰爭的影響

為因應與法國對抗的過程中隨之而來的各項戰事，英格蘭進行了必要的軍事及財政準備。

議會通過擴充常備軍，令英格蘭得以發揮強大的軍事力量。前面也曾提到，對外戰爭的範圍已經不再侷限於歐洲，甚至擴及遙遠的殖民地。由於戰場遍布全世界，維持充分軍事力量的重要性也較過去更為增加。

財政則將重心放在土地稅、關稅、消費稅上，配合國債等手段建立起支撐戰時財政的體系。這番變革使得英格蘭逐步蛻變為具備戰爭能力的「財政軍事國家」。

長期的戰爭也對議會造成影響。擁有國家預算決定權的議會重要性提升，以托利黨與輝格黨為中心的議會政治發展蓬勃，兩黨在各種議題上展開激烈辯論。

輝格黨主張應該積極參與戰爭，而托利黨則以戰爭開銷會造成負擔為由持反對態度。由於對法戰爭的許多實務都是由輝格黨員執行的，因此原本是在野黨的輝格黨逐漸轉趨強勢。

聯合王國的誕生

光榮革命之後，蘇格蘭內部出現了反英格蘭意識，甚至到了想要脫離與英格蘭的共主邦聯的地步。原因出在蘇格蘭對於在外國出生的威廉三世即位一事感到不滿，而且英格蘭議會在一七〇一年通過《王位繼承法》，就安妮女王之後的王位繼承做出規範時，並沒有事先和蘇格蘭商量過。

而英格蘭這一邊也有人擔心由於持續與法國作戰，蘇格蘭可能會與法國聯手。為保障自身安全，英格蘭的目標開始轉變為整合雙方的議會、在相同法律制度下進行統治，以達成兩國的「合併」。

蘇格蘭當然反對這種構想，但考量到脫離英格蘭造成的經濟損失及軍事衝突的可能性，以及最重要的一點——合併後所帶來的貿易自由化利益，這對蘇格蘭而言仍然是很有吸引力的一樁交易。蘇格蘭在一六九〇年代曾遭逢嚴重饑荒，造成許多人餓死，這件事也成了同意合併的助力。

經過數個月交涉後，兩國的議會在一七〇七年通過了《聯合法案（Acts of Union）》，名為「大不列顛王國（以下稱為英國）」的聯合王國就此誕生。包括了英格蘭、蘇格蘭、威爾斯的大不列顛島在英國史上首度由單一國家進行統治。

英格蘭與蘇格蘭都因為合併而出現了變化。

首先，兩國確認了在安妮女王去世後，根據王位繼承法規定，將由神聖羅馬帝國的漢諾威選侯家繼承王位。由於安妮沒有子嗣可繼位，於是藉此方式因應斯圖亞特家直系血脈後繼無人的情況。

其次是蘇格蘭的議會不復存在，英格蘭議會則增設蘇格蘭議員的席次。話雖如此，席次的分配並不公平。英格蘭及威爾斯在下議院有五百一十三個席次，但蘇格蘭僅有四十五席；英格蘭及威爾斯在上議院有一百一十席，蘇格蘭只有十六席，代表蘇格蘭的議員席次非常少。

此外，蘇格蘭進入了英格蘭的經濟框架內，兩國間的通商自由化，並統一了貨幣及度量衡。如此一來，蘇格蘭便同樣能享受到英格蘭貿易圈的好處。

不過，兩國之間宗教及法律等方面的差異在合併後仍然保留了下來，蘇格蘭並未完全英格蘭化。這與後來形同英格蘭殖民地的愛爾蘭呈現了不同走向。

不可不知的英國偉人⑤

近代最具代表性的偉大科學家

牛頓

Issac Newton

（1642～1727）

為後世的學術界帶來深遠影響

牛頓在經營農莊的家庭長大，原本和科學毫無淵源，因親戚發現了他的天分而進入英格蘭的名校劍橋大學就讀，進一步追求知識。

他在大學因黑死病肆虐而封校後回到故鄉，完成了「萬有引力」與「微積分」等學說。

後來他又陸續在力學、數學、光學、天文學等科學領域發表了新的理論。集結這些研究成果的著作《自然哲學的數學原理》，是集近代科學基礎之大成的經典名著。

牛頓在年輕時便成為了大學教授，下半生則曾經擔任過國會議員，並獲頒爵位等，在英格蘭社會建立了崇高的地位。

牛頓去世後，遺體安葬於歷任國王長眠的西敏寺。

chapter 6

大英帝國的光榮

不會說英語的國王

一七一四年安妮女王去世後，根據王位繼承法規定，由詹姆士一世的孫女索菲之子，神聖羅馬帝國的漢諾威選帝侯格奧爾格繼承王位。神聖羅馬帝國的統治範圍包括了現在的德國、奧地利、捷克、義大利北部等。

於是格奧爾格來到大不列顛王國（以下稱英國），即位成為大不列顛國王喬治一世，開啟了「漢諾威王朝」。

即位時已經五十四歲的喬治一世是在神聖羅馬帝國的漢諾威（現在的德國北部）出生長大，因此不會說英語，並沒有很受人民喜愛。喬治一世本人也只關注歐陸的情勢，不太理會英國國內的政治，政務都交由大臣等人處理，到後來甚至連內閣會議也不出席。

喬治一世也不像君主專制時期的國王那樣，會對議會的決議有意見，或是與議會嚴重對立，也因此英國的議會政治在這個時期有了長足的發展，從而確立了

「國王當政但不統治」這項立憲政治的原則，一直延續至今日的英國。

英國史上第一位首相

此時的議會與斯圖亞特王朝一樣，勢力最大的是輝格黨與托利黨這兩大政黨。喬治一世則是站在積極支持漢諾威王朝的輝格黨這一方。因為托利黨議員大多是詹姆士黨，支持擁有斯圖亞特王朝血統的詹姆士二世及其後代。

一七一五年，逃至法國的詹姆士二世之子詹姆士・法蘭西斯・愛德華・斯圖亞特（老僭王）自立為詹姆士三世，與詹姆士黨一同在蘇格蘭發動武裝叛亂，意圖憑藉武力奪取王位。但因為計畫太過草率，起事後迅速遭到鎮壓。

因為這次的叛亂，托利黨與詹姆士黨的關係遭到質疑，連無關的托利黨支持者也遭剝奪公職，使得輝格黨在議會的勢力壯大起來。此時，財政大臣勞勃・沃波爾在輝格黨內趁勢崛起。

當時的英國人為了藉由在烏得勒支和約中從西班牙得到的黑奴供給權牟利，設立了一間名為南海公司的企業。南海公司類似東印度公司，擁有國家及國王給予的特別許可進行貿易活動，但實際上是空頭公司。

南海公司從事奴隸貿易的獲利不如預期，在此同時卻刻意操作股價，藉著炒股、買賣股票以投機方式賺取利益。後來市場上的投機熱潮仍持續升溫，一七二〇年時，股價終於從最高點暴跌下來，經濟也隨之陷入恐慌（南海泡沫事件）。此時身為內閣成員的沃波爾投入了政府資金進行危機處理，由於這次的功勞，他在隔年出任第一財政大臣，成為內閣中最具實力者。

現今的英國，「首相」已經是民眾耳熟能詳的詞彙，但當時還沒有首相這個職位，第一財政大臣便相當於實質上的首相。內閣以及身為內閣首席的首相代替國王向議會負責的「責任內閣制」，在此時建立了基礎架構。於是，沃波爾便成為英國的第一任首相。

不過，英語的首相「Prime Minister」這個詞，原本的意思為「專制的掌權者」，其實是在辱罵沃波爾，但後來就這樣沿用下來，變成稱呼首相的名詞。

沃波爾的政策以和平為方針，由於戰爭會導致加稅，因此他認為與他國交戰並非好事。另外，在振興經濟的同時，他也獎勵新的農業技術以增加穀物生產量，透過各種措施大幅改善了國家財政。

沃波爾擔任首相約二十年，這段期間社會安定、和平，稱為「沃波爾治世」。

但在一七三九年，英國因為貿易糾紛而陷入了與西班牙的戰爭一觸即發的狀態。雖然沃波爾無意開戰，但在議會的壓力下不得不向西班牙宣戰，並為了籌措戰爭費用被迫加稅。這導致輝格黨在一七四一年的大選中席次大減，沃波爾卸下第一財政大臣之職，短暫的和平時代就此告終。

用蕪菁當飼料的「農業革命」

英國自中世紀以來，農業都是實行三圃制。三圃制農業是將耕地分為三等分，分別為春耕地（春季播種，秋季收割）、秋耕地（秋季播種，春季收割）、休耕地，每年輪換耕種的作物，讓土地每三年休息一次以恢復地力（土地培育農作物的能力）。

但這種農法就只是在耕地上播種，單憑雨水讓作物自行生長，生產力並不高。即使想要引進新的農法改良，也因為當時的農村是所有村民都在同一塊耕地上耕種，若不是全體意見一致的話，很難改變自古以來傳承的農法。

因此，希望提高產量的地主便用圍籬等區隔耕地，並出錢雇用農夫耕種。也就是所謂的「圈地（第二次圈地運動）」。

十六世紀的第一次圈地運動是為了牧羊，第二次圈地運動則是因議會主導的高度集約農業而發生。

舉例來說，當時引進了一種名為「條播機」的播種機，能夠以相等間隔播種，更有效率地栽種作物。

另外，民間也普遍種植能將空氣中的氮轉化為養分的三葉草等植物，用來當作

新舊農法的比較

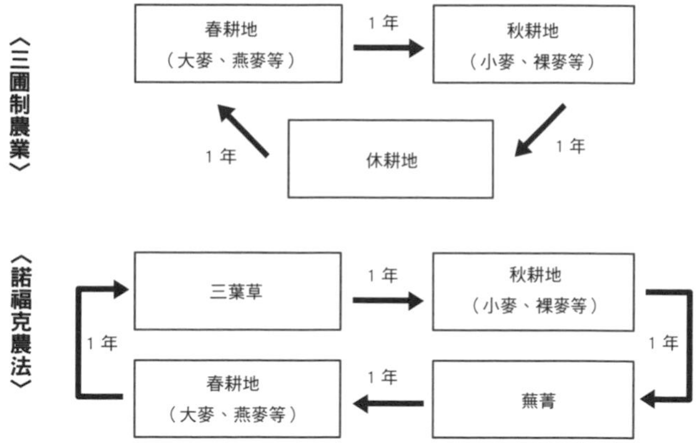

家畜的飼料或改善地力的肥料。而使用蕪菁餵養家畜，可以讓家畜長得更大，藉此穩定生產出奶油及牛奶等。一塊耕地依「蕪菁→大麥→三葉草→小麥」的順序，以四年為週期輪流耕種不同作物，不需要劃出休耕地就能提升土地的生產力。由於這種農法是先在英國東部的諾福克普及的，因此被稱為「諾福克農法」，並在十八世紀的英國推廣開來。

農業的革新提升了農作物的生產力，使得糧食增加，英國的人口以飛快的速度成長。

「工業革命」改變了社會

十七世紀前後，英國東印度公司從蒙兀兒帝國（以下稱印度）帶回的一種印度棉織物在英國大為流行。這種棉織物與歐洲過去用來製作衣服的毛織品相比，不僅輕、薄、強韌，而且觸感舒適、吸濕性也出色，相當方便好用。

然而，羊毛生產過去是英國的主要產業，因此棉織物的普及令毛織品業者感受到危機，並發起禁止印度棉織物進口的運動。但民眾已經接觸過印度棉織物、了解到其優點，很難強壓下這種需求。於是英國開始進口棉花，各地出現了將棉花紡成線的紡紗工廠及用線織成布的織布工廠。

就在此時，約翰．凱於一七三三年發明了一種名為飛梭的紡織機裝置，能大幅縮短織布所需的時間。此外，哈格里夫斯發明了珍妮紡紗機，阿克萊特發明了水力紡紗機，這些紡織機械的發明，使得英國的棉製品產量以驚人速度增加。

在同一時代，身為發明家與工程師的詹姆士．瓦特改良了蒸氣機，當作礦坑使用的動力裝置。蒸氣機與紡紗工廠的機械結合，促成了棉布的大量生產，英國的棉織物產量出現爆炸性成長。

產業機械化後，生產機械用的鐵的需求也大幅增加。英國過去都是以木材（木炭）當作燃料煉鐵，但砍伐樹木會導致森林消失，而且還有木材的火力無法煉出高品質的鐵這個問題。達比家族開發出了使用便宜、容易取得的煤煉鐵的技術，成功解決了問題，並能夠生產出鋼。

而蒸氣機、煤、鋼鐵相關的技術則促進了鐵路發達。過去都是藉由運河或馬車運送物資，現在則有了運輸量大、速度快的鐵路可做為運輸工具。這些因為技術的發明或開發所帶來的產業與社會結構的變化，就叫作「工業革命」。

四任相同名字的國王

十八世紀前期至十九世紀前期，兼任德國漢諾威選帝侯的家族繼承了英國王

漢諾威王朝相關家系圖

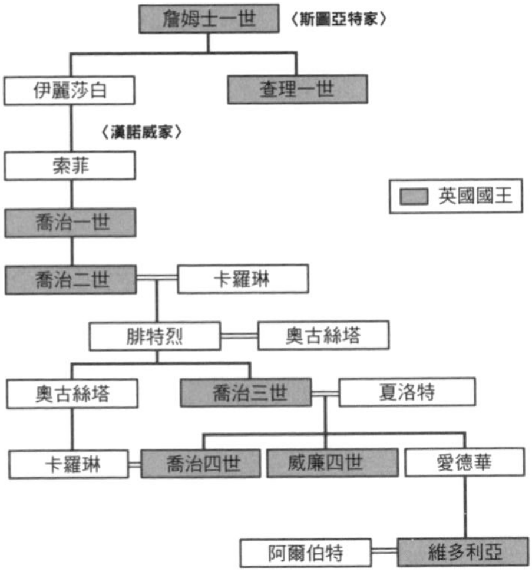

位。這段由喬治一世至喬治四世四位國王統治的期間，也被稱為「喬治王時代」。

喬治一世病死後，於一七二七年繼承王位的喬治二世，是最後一位親自率兵上戰場作戰的國王。英國在這個時代於七年戰爭、奧地利王位繼承戰爭等，與法國發生的戰爭中取勝，為日後的大英帝國打下了基礎。

一七六〇年即位的喬治三世出生在英國，母語為英語，並曾發表名為「以英國之名為榮」的演說。喬治三世在位長達六十年，較此前任何一位國王都來得久。

在此期間，英國除了國內正式展開工業革命之外，還參與了北美大陸十三處殖民地的獨立戰爭（一七七五～一七八三年）、法國大革命（一七八九～一七九九年）及接下來的拿破崙戰爭（一七九六～一八一五年）等，面臨了國際情勢急遽的變化。

兩座島嶼變成同一個國家

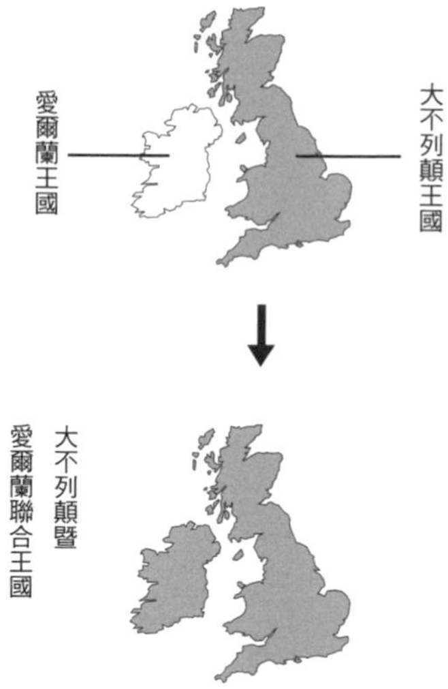

此時，英國因畏懼愛爾蘭受到法國大革命影響而掀起獨立浪潮，於是在一八〇〇年制定《聯合法案（Acts of Union）》，將愛爾蘭議會吸收進英國議會，「大不列顛暨愛爾蘭聯合王國」（以下稱英國）在一八〇一年成立。

喬治三世晚年因罹患精神疾病，於是讓兒子喬治擔任攝政。喬治三世去世後，喬治便即位成為喬治四世。喬治四世之後，則是他的弟弟威廉四世即位，一直在位到一八三七年病死為止。

喬治四世與威廉四世的時代進行了選舉制度的改革，以及勞動環境的改善等變革，以利國家整體架構因應工業革命所造成的社會情勢變化。

因為耳朵而宣戰!?

在西班牙王位繼承戰爭中獲勝，得到了黑奴供給權的英國在貿易過程中與西班牙等國的摩擦逐漸浮上了檯面。

一七三八年，英國下議院傳喚了一名男子出席作證。這名男子名叫羅伯特・詹金斯，是英國貿易船的船長。他控訴自己在西印度群島的古巴海域遭西班牙官差（警察）以不當理由逮捕並拘留，並當場拿出自己被西班牙官差割下並泡在白蘭地（也有一說是用鹽醃漬）裡的耳朵當作證據。

下議院議員群情激憤，做出了「行駛船隻進入美洲海域是英國臣民的正當權利」的決議。當時的首相沃波爾因為這項決議而決心開戰，於一七三九年向西班牙宣戰，這場戰爭便被稱為詹金斯的耳朵戰爭。

實際上，英國是趁著在烏得勒支和約得到的權利之便進行走私，西班牙的沿岸警備船因懷疑詹金斯從事走私貿易才扣留了整艘船。另外也有說法認為詹金斯的耳朵並不是這時候被割下的。

無論如何，英國在沃波爾在任期間曾一度遠離戰爭，但在這場戰爭起了頭後，又開始涉入歐洲大陸及各殖民地的戰爭。

奪取法國的殖民地

詹金斯的耳朵戰爭與一七四〇年爆發的奧地利王位繼承戰爭相互牽連，戰火延燒各地。對於是否要同意神聖羅馬帝國皇帝之女——瑪麗亞・特蕾莎成為曾出過許多神聖羅馬帝國皇帝的奧地利哈布斯堡家的當家，奧地利與普魯士產生了對立。法國與西班牙支持普魯士，英國則站在奧地利這一邊，於是點燃了奧地利王位繼承戰爭的戰火。

歐洲大陸爆發奧地利王位繼承戰爭之際，英國與法國也因為爭奪殖民地的支配權，在北美大陸發生了喬治王戰爭，在印度則有卡那提克戰爭（第一～三次）。一七四八年，參戰國在德國的亞琛舉行議和會議，各國同意瑪麗亞・特蕾莎成為當家，奧地利並割讓一部分領土，結束了奧地利王位繼承戰爭。

但是戰爭的火苗並未熄滅，一七五六年又爆發了七年戰爭。普魯士與奧地利的對立關係並未改變，但這次變成了英國支持普魯士，法國與俄羅斯則屬於奧地利陣營。北美、印度的各個殖民地也同時進行著英國與法國的戰爭，戰火遍及世界各地。

在北美發生的戰爭被稱為英法北美戰爭，英國占領了魁北克及蒙特婁，戰勝法國。在一七六三年簽訂的巴黎條約中，英國自法國手中獲得了北美中部五大湖周邊與密西西比河以東的殖民地，西班牙也割讓出佛羅里達，確立了英國在北美的支配權。

英國在印度與法國進行的戰爭也同樣占據上風。英國於一七五七年的普拉西戰役擊敗了接受法軍援助的孟加拉王公後，就在印度建立了穩固的霸權。

除了一部分的印度城市外，法國在一七六三的巴黎和約中承認了英國在所有地區的統治優先權。

至此，英國就這樣得到廣大的殖民地，最終打造出了被稱為「第一帝國」的殖民地帝國。

十八世紀中葉的英法戰爭

戰爭	年	地點
奧地利王位繼承戰爭	1740～1748	西歐
喬治王戰爭	1744～1748	北美大陸
卡那提克戰爭	1744～1748 1750～1754 1758～1761	南印度
七年戰爭	1756～1763	西歐
英法北美戰爭	1754～1763	北美大陸

美國獨立戰爭

喬治三世是漢諾威王朝第一位在英國出生的國王，相較於前面兩任國王，他更加把英國的利益放在心上。喬治三世在即位之初便起用身邊的人，並由於不滿前任國王對輝格黨言聽計從，因而重用托利黨。如此一來，主導英國政治長達五十年的輝格黨終於交出了大權。

這個時期的英國在對外戰爭中接連獲勝，於北美大陸及印度得到了廣大的殖民地。雖然贏得了戰爭，但一連串的戰事開銷也使得英國政府債台高築。

喬治三世打算讓北美大陸的十三處殖民地（北美殖民地）負擔償還債務的資金及殖民地的防衛經費，因而對砂糖及印刷品課稅。

但是北美殖民地大為不滿，於是英國便廢除過去的課稅，另外制定了湯森法案。這項法案是外地與殖民地進行貿易時所適用的關稅法，針對玻璃、紙、茶等商品課稅。

英國還制定了茶葉法案，單獨免除英國東印度公司出口茶葉至北美殖民地的關稅，結果使得殖民地的市面上出現了異常低價的茶葉，令原本在北美殖民地從事茶葉生意的業者大感憤怒。

一七七三年十二月，激進派民眾偽裝成印第安人，襲擊了滿載著茶葉駛入波士頓港的英國東印度公司貿易船（波士頓茶葉事件）。

英國政府對此則以關閉波士頓港、取消麻塞諸塞州自治等做法反制，但只是加深了與殖民地的對立，並無實際成效。最終在一七七五年四月十九日，北美殖民地的民兵與英軍於麻塞諸塞州列星頓發生了武裝衝突，就此展開美國獨立戰爭。

英國派出了三萬名士兵前往北美殖民地。北美殖

當時的日本

日本過去一直對於和歐美各國的貿易進行管制，但到了十九世紀已經逐漸難以維持下去，西元一八〇八年英國軍艦費頓號闖入長崎港的事件便透露了這個訊息。在此之後，日本雖然加強取締外國船隻，但仍走上了被迫開國之路。

民地（以下稱美國）則在一七七六年七月四日宣布獨立，但英國政府不願失去殖民地，所以並未承認。

這份獨立宣言深受活躍於十七～十八世紀的英國哲學家、思想家約翰・洛克影響，是基於他的自然法思想（主張人類天生具有完全的自由、人類一律平等且不受任何人限制）所撰寫出來的。

獨立戰爭初期雖然是英軍占優勢，但英軍在一七七七年的薩拉托加戰役大敗之後，情勢便逆轉了過來。法國及西班牙的援助令美國大為振奮，在一七八一年的約克鎮戰役中，英軍敗給了美法聯軍並投降。根據兩年後簽訂的巴黎條約，英國正式承認了美國獨立。

雖然英國藉由一七六三年的巴黎條約取得了廣大的殖民地，但又因一七八三年的巴黎條約失去了美國這個殖民地，第一帝國的時代也隨之告終。

不過，英國又持續增加了新的殖民地。一七六九年，海軍軍官詹姆士・庫克登陸紐西蘭，又在一七七〇年抵達澳洲大陸，並宣告兩者皆為英國所占有，英國的聲勢依舊不衰。

加強社會保障

英國的糧食產量因農業革命而增加，隨之成長的人口則進入了因工業革命而大量興建的工廠工作，成為勞工。

工業革命同時也創造出了經營工廠的資本家（資產階級），以及大量在工廠工作的勞工這兩種新的社會階級。

到了十八世紀中葉，英國已不再是農業國家，成功轉型為歐洲數一數二的工業國家。但當時僅少數的紳士擁有投票權，資本家及勞工無法參與選舉。

一七八〇年前後，民眾發起了「約克郡運動」，要求選區的平等、男性普選權、支付議員薪酬等議會的改革。這項運動

影響到了日後被稱為「憲章運動」的改革運動。

除了選舉制度外，也有改革替持續增加的勞工改善其工作環境。英國在一八〇二年制定了全世界第一部《工廠法（學徒法）》，限制在棉花工廠工作的兒童及青少年的工作時間，以保護他們。不過由於內容並不周延，因此後來又數度重新制定工廠法。

在社會運動家勞勃·歐文的努力之下，一八一九年通過的紡織工廠法禁止了九歲以下的兒童工作，並將十六歲以下童工每天的工作時間限制在十二小時。但其實這項法律的效果仍舊有限，直到一八三三年通過的《一般工廠法》才真正發揮了效力。

補助貧困者的制度也進行了改革。過去救助貧困民眾的都是各地的教會或濟貧院（貧困者收容設施），隨著工業革命的發展，則改由國家設置中央救貧行政局來負責處理。國家統籌規劃制度，保障勞工生活的做法可以說是現代社會保障制度的先驅。

維多利亞時代

一八三七年威廉四世去世後，由他的姪女維多利亞繼承王位，成為英國女王。維多利亞女王在同年住進了位於西敏區的建築，也就是現在英國王室居住的「白金漢宮」。西敏宮在不久前的一八三四年燒毀了大半，耗費二十年時間進行重建。而倫敦現在的著名地標，位在西敏宮的「大笨鐘」也是在此時一併興建的。

從喬治一世至威廉四世的英國國王同時擁有漢諾威國王的稱號，英國與漢諾威王國為共主邦聯。但因為女性無法繼承漢諾威國王，維多利亞女王便讓出了漢諾威國王的稱號，英國與漢諾威王國的共主邦聯關係也就不復存在。

十八世紀中葉以來的工業革命帶動了英國的經濟成長，進入十九世紀後，成長的步調放緩了下來，工業革命造成的社會問題及勞工要求改善待遇的行動更加頻繁出現。

十八世紀後期開始，英國各地發生了因資本家與勞工的利益衝突，導致勞工破壞工廠機械的「盧德運動」。由於這是勞工將怒氣發洩在機械上，單純只有破壞的零星運動，經政府取締後便失去了熱度。勞工後來團結了起來，發起與資本家交涉改善工作條件的勞工運動，「工會」組織就此誕生。

勞工運動一開始雖然遭禁止，但一八七一年通過《工會法》後，承認了勞工的罷工等權利。

英國的殖民地

英國在十九世紀中葉前得到了紐西蘭、澳洲、加拿大等殖民地。英國遍布全球的各個殖民地在維多利亞女王時代也出現了許多變化。

剛好在這個時期，由於英國對清朝（中國）進口的茶葉需求增加，為了改善貿易收支、減少赤字，因此走私印度生產的鴉片進入中國。這導致了清朝的白銀大量外流等經濟、財政上的問題，鴉片成癮者也成為重大社會問題。因清朝取締鴉片使得兩國在一八四〇年爆發鴉片戰爭，英國以壓倒性的軍事力量擊敗了清朝。

獲勝的英方在一八四二年與清朝簽訂南京條約，要求清朝割讓香港島。雖然這種砲艦外交（行使武力的外交）在英國國內遭受批評，但英國政府並未放棄將此當作一種外交手段。

一八五一年，因維多利亞女王的夫婿阿爾伯特親王的提議，在倫敦舉辦了萬國博覽會，目的在於向國內外展現有「世界工廠」之稱的英國當時的工業力及富庶程度。

英國在一八五〇年代至一八七〇年代這段期間有「不列顛治世」之稱，憑藉強大的軍事力與豐沛的資金、工業能力凌駕於他國之上，雖然在世界各地都有戰事發生，但並沒有牽連到整個歐洲或全世界的戰爭，維持了

和平。

後來歐陸情勢因德國、義大利、奧地利組成的「三國同盟」，以及法國、俄羅斯的「法俄同盟」逐漸形成平衡後，不列顛治世便蒙上了陰影。但英國仍然以軍事力及經濟力作為後盾，秉持不與任何國家結盟的外交原則，專注在經營殖民地上。這種外交方針被稱為「光榮孤立」。一八六七年，英國承認加拿大的自治，成立了加拿大聯邦自治領，加拿大也是第一個獲得英國承認自治的殖民地。如此一來，加拿大奉英國國王為國家元首，外交與國防也歸英國掌管，但設有政府與議會，當地人民在政治上有自主權。

時間回溯到一八五三年，這一年爆發了克里米亞戰爭。鄂圖曼帝國（土耳其）當時國力虛弱，俄羅斯意圖將勢力擴張到地中海，有意阻擋俄羅斯南下的法國、英國便協助土耳其抵抗，因而導致這場戰爭。

當克里米亞戰爭進行之際，法國外交官雷賽布也在埃及進行蘇伊士運河的開鑿。連接了印度洋與地中海的蘇伊士運河對於統治印度的英國而言，是不能放過的海運要衝。

一八六九年蘇伊士運河完工後，英國在一八七五年趁埃及財政困難之際大量取得蘇伊士運河經營公司的股份，並加強對蘇伊士運河權力與埃及的控制。鎮壓了一八八一年發生的武裝叛亂後，英國便將埃及納為殖民地。

英國同時也加強了對印度的控制。一八五七年，東印度公司雇用的印度士兵發動叛亂。英國起初是一面保護蒙兀兒帝國，並同時統治印度，但蒙兀兒帝國因這場叛亂滅亡後，英國便取而代之，維多利亞女王在一八七七年兼任印度女皇，建立了由英國統治的「印度帝國」。

英國雖然加強了對殖民地的控制，但在一八七三

當時的日本

西元一八八六年發生了英國籍船隻諾曼頓號在和歌山縣海域觸礁，但對船上日籍乘客見死不救的事件。事後雖然進行了審判，但基於英日兩國間的條約，船長獲判無罪。由於這次事件，日本人開始認真看待不平等條約的問題，並促成一八九四年日英通商航海條約的簽訂。

年、七九年、九〇年都曾遭逢經濟恐慌，使得成長蒙上陰影。此外，德國及美國等新興國家也歷經了工業革命，創造經濟成長，來自其他國家的廉價食物及物資因而大量流入英國，打擊英國國內經濟。大英帝國曾以世界工廠之姿睥睨全球，但其榮景並沒有持續太久。

來自日本的偷渡客

一八六三年，有世界工廠之稱的英國出現了五名日本年輕人。他們是長州藩（現在的山口縣）的藩士，隱瞞幕府偷渡來到英國。這群年輕人在倫敦學習英語等知識，並參觀了博物館、工廠、軍事設施等，對於日本與英國之間的國力差距大感震驚。

回國後，他們從原本的攘夷論者（主張不讓外國勢力進入日本）轉變成了開國論者（主張與外國維持通商關係），以他們為首的長州藩士與在一八六三年的薩英戰爭後向英國靠攏的薩摩藩（現在的鹿兒島縣）聯手，成為推翻江戶幕府的原動力。

這五人被稱為「長州五傑」，皆在後來成立的明治政府擔任要職。其中的一人，就是日本首任內閣總理大臣伊藤博文。在推翻幕府這件事上，英國則扮演了出口武器給薩長兩藩的角色。到了明治時代，也有許多來自英國的技術人員（外籍顧問）將當時的最新技術帶至日本。

祕密專欄

全世界第一條鐵路與地下鐵

透過鐵路有效經營殖民地

給車廂安裝車輪、放在鐵製的軌道上行駛，是一種摩擦非常低，而且能量效率佳的設計，很早以前就在礦坑用來運送沉重的沙土及岩石，這種礦車可說是鐵路的起源，當時這種原始鐵路的主要動力是馬。

十八世紀發明了蒸氣機後，蒸氣火車轉眼間便普及開來。全世界第一條以蒸氣火車載運物資（煤）的鐵路為一八二五年的「斯托克頓和達靈頓鐵路」，全世界第一條以蒸氣火車載運人的鐵路則為一八三〇年的「利物浦和曼徹斯特鐵路」。

鐵路的出現不僅使得人類的移動頻繁起來，工廠生產的商品也能更有效率地流動，民眾則強烈感受到身為國家一份子的整體感。英國在一八四〇年代興起了鋪設鐵路的熱潮，甚至有「鐵路狂時代」之稱。

一八三〇年代的鐵路網

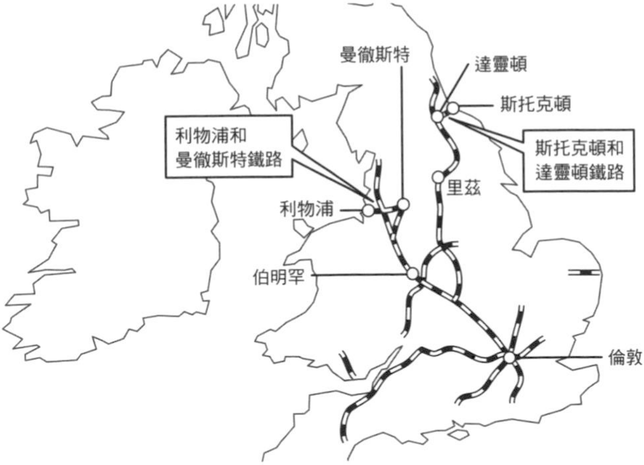

殖民地也同樣需要投入、運送大量人員與物資，因此陸續興建鐵路，不僅在英國國內，世界各地都蓋起了鐵路網。

除了連接都市與都市，鐵路同時也是在都市內移動的交通工具。

一八六三年，倫敦完成了全世界第一條地下鐵。當時的倫敦人口急遽增加，地面上因馬車等交通工具而擁擠不堪，於是有了讓火車在地底下行駛的構想。

開創了「推理小說」的作家

柯南・道爾

Conan Doyle

（1859～1930）

英國社會所孕育出的作品

說到頭戴獵鹿帽、叼著煙斗，面對各種困難案件都能一一迎刃而解的名偵探，那就是夏洛克・福爾摩斯。他出場的作品被視為推理小說的始祖，直到今日依然受到許多讀者喜愛。

作者柯南・道爾出生於蘇格蘭，大學念的是醫學，後來經營診所。他利用閒暇時間寫下的夏洛克・福爾摩斯系列第一部作品《血字的研究》十分暢銷。

推理小說這種文學類型的基礎，是建立在英國於一八三〇年代設立的警察制度上，也就是由警察負責偵辦犯罪事件、逮捕犯人。另一項背後因素則是當時的倫敦因工業革命的關係人口激增，導致治安惡化、犯罪增加。

柯南・道爾除了推理小說外，也曾寫下許多其他類型的小說，科幻小說《失落的世界》便是著名的作品。

chapter 7

兩次世界大戰

新出現的敵人——德國

時間來到二十世紀，愛德華七世在維多利亞女王去世後繼承了王位。因愛德華七世的即位，漢諾威王朝宣告結束，進入了「薩克森－科堡－哥達王朝」，這個名稱源自於他的父親阿爾伯特親王的家族。

由於南非戰爭（波耳戰爭）削弱了英國國力，並考量到英國與德意志帝國、俄羅斯帝國的對立等因素，愛德華七世改變了此前的「光榮孤立」外交方針，尋求與各國合作。

首先，為了對抗俄羅斯，英國在一九〇二年與日本結成了「英日同盟」。俄羅斯從十九世紀起便往中亞南方擴大勢力（南下政策），與實質控制了阿富汗的英國屢屢發生衝突。俄羅斯與英國此時的這種對立關係被稱為「大博弈」。此外，俄羅斯在遠東地方的海參崴等地增強海軍兵力，也威脅到了英國在太平洋的活動。因此英國便與同樣憂心俄羅斯勢力擴張的日本結為同盟。

英國的對外政策及與之衝突的他國政策

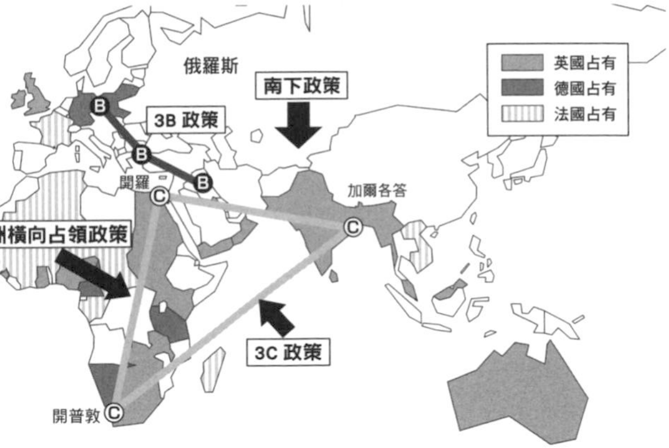

一九〇四年日俄戰爭爆發後，俄羅斯從歐洲的軍港派遣波羅的海艦隊前往遠東。由於航程漫長，艦隊必須中途進行燃料等補給，但英國在非洲及亞洲各地的殖民地皆拒絕該艦隊靠港。在英國這番協助下，日本於隔年戰勝了俄羅斯。

至於英國與法蘭西共和國，十九世紀時雖然雙方持續在亞洲及非洲爭奪殖民地，但到了二十世紀初，兩國的勢力範圍幾乎已經底定。因此在日俄戰爭時期，英國與法國簽訂了《英法協約》這項友好條約。日俄戰爭的敗北方俄羅斯則暫時放棄了在太平洋擴大勢力，希望與英國改善關係，於是兩國在一九〇七年簽訂了《英俄條約》。

愛德華七世因這一連串的外交成果獲得了「和平締造者」的稱號。但相對地，德國則取代了俄羅斯，扮演與英國對立的角色。英國一直以來都推行所謂的「三C政策」，控制住埃及的開羅、南非的開普敦、印度的加爾各答所連接起來的通商路線。為了與此對抗，新崛起的德國則試圖將首都柏林、鄂圖曼帝國（土耳其）的拜占庭（現在的伊斯坦堡）、阿拉伯半島的巴格達連接成的通商路線納入其勢力範圍。德國的這項政策被稱為「三B政策」，是與英國的三C政策形成對立的主因。

改變王室名稱的緣由

在英德兩國對立加劇之際，獲得新興工商業人士支持的自由黨內閣於一九〇六年上台執政。自由黨政權除了推動自由貿易，也加強高齡年金及國民保險等政策。這些福利政策穩定勞工階級的生活，達到防止勞工鼓吹暴力革命的作用。

在當時的歐洲，俄羅斯與奧地利為了爭奪巴爾幹半島的霸權而嚴重對立，俄羅斯與英國、法國組成了「三國協約」，奧地利則與德國、義大利結為「三國同盟」。一九一四年，以三國協約為中心的協約國與以三國同盟為中心的同盟國發生衝突，爆發了第一次世界大戰。

英國根據英日同盟，要求日本攻擊德國在太平洋的東亞分艦隊，於是日軍占領了中華民國山東省德國租界（一國基於與另一國之共識，在一定期間內向對方租來的領土）的青島要塞。

雙方陣營共二十五國參戰的第一次世界大戰較原本預期持續得更久，並有戰鬥機、潛水艇、毒氣等新式武器投入戰場。德軍的飛船在一九一五年空襲倫敦，是史上第一次的空中攻擊，市民因此陷入恐慌。

英國則首度實施徵兵制，規定十八歲至四十一歲的男性入伍服役。成年男性受軍隊徵召，工廠及商業設施的女性勞工因而增加。而且不僅是軍人，全體國民都被動員投入戰爭，形成了所謂的「總體戰」。

由於英國民眾的反德情緒高漲，薩克森－科堡－哥達王朝這個源自德國的王朝名稱在一九一七年改名為「溫莎王朝」，這是取自威廉一世以來英格蘭王室所繼承的城堡之名。這座溫莎城堡直到現在仍是英國國王的週末住處。

三項彼此矛盾的外交決策

英國為了在中東削弱土耳其的勢力，於是協助受土耳其人統治的阿拉伯人尋求獨立。考古學家湯瑪斯．愛德華．勞倫斯以英國軍官的身分與阿拉伯人並肩作戰，對抗土耳其，電影《阿拉伯的勞倫斯》使得他的事蹟廣為流傳。

一戰期間的一九一五年十月，英國與麥加謝里夫（譯註：管理麥加和麥地那這兩個聖城領袖的敬稱）海珊簽訂《麥克馬洪－海珊協定》，承認阿拉伯人獨立。

充滿矛盾的外交政策

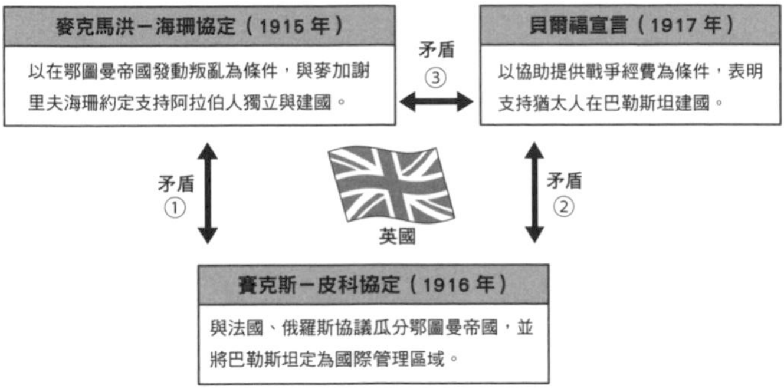
麥克馬洪－海珊協定（1915 年）
以在鄂圖曼帝國發動叛亂為條件，與麥加謝里夫海珊約定支持阿拉伯人獨立與建國。
矛盾
③
貝爾福宣言（1917 年）
以協助提供戰爭經費為條件，表明支持猶太人在巴勒斯坦建國。
矛盾
①
英國
矛盾
②
賽克斯－皮科協定（1916 年）
與法國、俄羅斯協議瓜分鄂圖曼帝國，並將巴勒斯坦定為國際管理區域。

然而在一九一七年，英國又為了獲得羅斯柴爾德家等猶太裔企業家協助，發表《貝爾福宣言》，支持在中東的巴勒斯坦（現今以色列的所在地）建立猶太人的國家。

而在此前一年，英國已經和盟國法國、俄羅斯簽訂了《賽克斯－皮科協定》，私下約定好瓜分中東。英國就中東問題做出了三項相互矛盾的外交決策。

結果，一戰結束後，中東在英國及法國等大國的擺布下受控制，勞倫斯協助阿拉伯人獨立的理想遭到背叛。

而且，猶太人並未得到當地阿拉伯人的諒解，便在巴勒斯坦進行開墾。以色列後來在一九四八年建國，直到今日，猶太人與阿拉伯人仍存在嚴重對立。

俄羅斯民眾因長期戰事導致生活貧困，在一九一七年發動革命（一九一七年俄國革命）推翻帝制，結果隔年成立的社會主義政權單獨與德國議和。革命後的俄羅斯後來整合了外高加索、烏克蘭、白俄羅斯的各個共和國，於一九二二年成立蘇維埃社會主義共和國聯邦（蘇聯）。

美國自開戰以來，一直維持中立觀察歐洲的情勢，但德國接二連三地攻擊將物資運往協約國的美國商船，造成重大傷亡，因此美國便取代俄羅斯加入協約國。除了工業實力雄厚的美國參戰外，德國也發生了革命（十一月革命），推翻帝制建立共和國。大戰於一九一八年結束，最終由協約國獲勝。

政黨版圖的改變

包括殖民地在內，英國在第一次世界大戰的陣亡人數多達八十～九十萬人。由於總體戰的關係，英國的國力承受了前所未有的耗損，因此戰後美國在國際社會的影響力迅速升高。

英國與法國在一戰期間曾向美國大舉借款以籌措戰爭經費，為了償還欠款，於是在一九一九年召開的「巴黎和會」中，要求戰敗國德國支付鉅額賠償金。最終決定的金額為一千三百二十億金馬克，當初預計需要約六十年才能清償完畢。知名的英國經濟學家約翰·梅納德·凱因斯當時以英國財政部代表的身分參加巴黎和會，曾批判賠償金額過高。

被迫窮苦度日的德國民眾對協約國日益不滿，並與希望報復協約國的情緒結合在一起，導致了日後納粹政權的崛起。

英國的國內政治也因為第一次世界大戰而出現重大轉變。為填補成年男性受軍隊徵召造成的人力缺口，女性的社會參與度提升，並在政治上有了更大的發言權。一九一八年，英國在選舉法的第四次修法時開放了女性的參政權，但僅限三十歲以上且身為戶長的女性或是戶長之妻。一九二八年的選舉法第五次修法則將普通選舉權的範圍擴大到二十一歲以上的男女。

此外，戰爭所導致的工業人口增加，以及俄羅斯社會主義革命的影響，使得要求改善勞工待遇及加強社會保障的運動更加頻繁。這股風潮也吹到了英國議會，十九世紀以來由保守黨與自由黨兩大黨所建立的體制瓦解，前身為工會代表會議的「工黨」在一九二四年首次取得政權。自此之後，便是由取代了自由黨的工黨與保守黨這兩大政黨主導政局。

爭取自治權！

英國雖然在一九一四年通過了同意愛爾蘭自治的法案，但由於一戰爆發，愛爾蘭民眾被要求服從英國及提供協助，自治法的實施也遭延後。

對此感到不滿的愛爾蘭新芬黨在一九一六年發動了「復活節起義」，愛爾蘭民眾大多並未關注這次起義，但由於英國政府在鎮壓之後全面迫害新芬黨，反而造成愛爾蘭民眾對英國政府的強烈不滿蔓延開來，後來在一九一九年爆發了愛爾蘭獨立戰爭。

獨立戰爭在一九二一年愛爾蘭國民議會與英國政府代表團簽訂《英愛條約》後結束，英國同意愛爾蘭自治，愛爾蘭在一九二二年成為自治領「愛爾蘭自由邦」。

不過，新教徒居多的北部六郡（現在的北愛爾蘭）仍然為英國領土。也因為這樣，英國的正式國名在一九二七年改為「大不列顛暨北愛爾蘭聯合王國」，現在在外交文書等場合也是使用這個名稱。

除了愛爾蘭，印度等海外殖民地也出現了要求獨立的聲浪。其中一項原因在於第一次世界大戰導致了俄羅斯、德國、奧地利、土耳其這四個帝國瓦

當時的日本

一九二一年，當時還是皇太子的昭和天皇成為首位訪問歐洲的日本皇室成員，並將英國視為君主立憲國家的範本，雙方建立了深厚友誼。雖然親英派的昭和天皇希望達成國際合作的目標，但一九三〇年的《倫敦海軍條約》使得日本的陸海軍開始敵視英國。

解，過去受大國統治的民族在政治上尋求獨立自主，也就是「民族自決」的思想成為了世界性的潮流。

中東及亞洲各地的獨立運動愈演愈烈，自十九世紀末起受英國統治的阿富汗於一九一九年獨立。埃及雖然也在一九二二年獨立，但蘇伊士運河仍繼續由英國掌控。至於中東，原本在英國勢力範圍內的伊朗及伊拉克等國也在一九二〇～一九三〇年代陸續獨立。

英國的殖民地之中，印度在第一次世界大戰時提供給英國的士兵及勞動力特別多，後來因此要求擴大自治權作為回報。

領導印度獨立運動的印度國大黨在一九二九年向擴大自治權更進一步，決議要求脫離英國完全獨立。身為印度國大黨幹部的甘地曾留學英國，並在南非當過律師，擁有豐富的法律知識。甘地呼籲以「非暴力、不合作」的方式進行抗爭，發起拒買英國商品等運動。

加拿大、澳洲等地和印度同樣屬於英國的海外領土，但擁有白人移民組成的自

以英國為中心的新邦聯

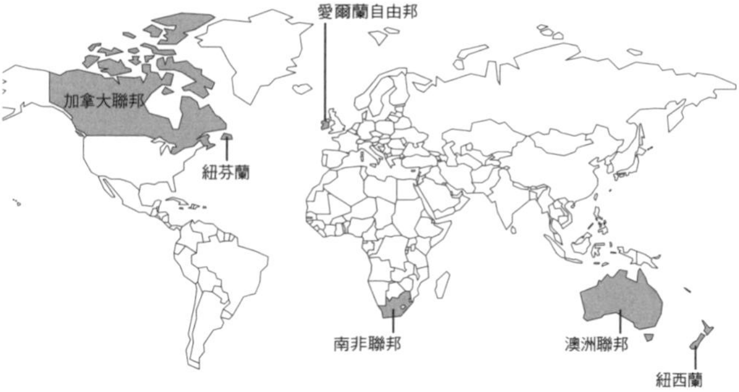

治政府。這些地方在第一次世界大戰時也曾大力協助英國，因此出現了要求與英國本國地位對等的聲音。

於是英國議會在一九三一年通過《西敏法令》，將過去的殖民地視為與英國本國對等的獨立國家，形成了以英國國王為元首的邦聯，共有加拿大、澳洲、紐西蘭、南非聯邦、愛爾蘭自由邦等國家參加，這個架構也叫作「大英國協（英聯邦）」。第二次世界大戰後，又加入了新獨立的印度、新加坡、巴布亞紐幾內亞、迦納、肯亞、奈及利亞等亞洲、非洲國家。

對大戰的反思帶來了和平

各國在第一次世界大戰中的陣亡人數總計接近一千萬人，慘痛的代價使得國際間在戰後瀰漫著反戰氣氛。在美國總統威爾遜的提議下，一九二〇年成立了「國際聯盟」，作為透過對話解決國家間爭端的組織，英國等各國皆為成員。

此外，為了防止各國競相建造軍艦，一九二〇～一九三〇年代各國簽訂了《華盛頓海軍條約》、《倫敦海軍條約》，設法維持海軍軍力平衡。但由於條約中規定日本的軍艦總重量須低於英國及美國，導致日本軍方不滿，形成日後日本與英美對立的遠因。

第二次世界大戰爆發前的一九二〇～一九三〇年代是和平的時代，大眾娛樂文化興盛。英國在一九二二年開始有無線電廣播，五年後成立了國營的ＢＢＣ（英國廣播公司）。許多民眾都成為廣播聽眾，並出現音樂、運動賽事轉播、廣播劇等節目。此外，ＢＢＣ還在一九三六年開始了全世界最初的電視播送，不過電視要等到一九五〇年代以後才正式普及。

在娛樂小說方面，柯南・道爾的《夏洛克・福爾摩斯》系列自十九世紀以來一直深受歡迎，一九二〇年代則出現了阿嘉莎・克莉絲蒂等作家。另外，英國國內也新開幕許多電影院，大量放映美國電影，從英國移民到美國的喜劇演員卓別林的作品相當受到喜愛。

愛美人不愛江山

一九二九年，當全世界仍然沉浸在和平氛圍之中時，美國紐約證券交易所的股價暴跌引發了「經濟大蕭條」。各國企業因而減少投資，進出口衰退，演變為全球性的不景氣。

於是英國在一九三二年與加拿大、澳洲等各個大英國協成員簽訂了《渥太華協議》。協議方針為僅對大英國協成員國（和英國同樣使用英鎊的「英鎊圈」各國）

設定低稅率的關稅，並避免與成員國以外的國家進行貿易，藉此維護英國的利益。這種關稅集團與貨幣集團結合起來，形成了「集團經濟」。

和英國一樣擁有許多海外殖民地的法國也採取了集團經濟政策。另一方面，建立共和國體制的德國在第一次世界大戰戰敗，不僅殖民地遭剝奪，賠款及經濟大蕭條造成的景氣惡化也使得民眾的不滿升高。希特勒率領的納粹黨提倡與造成德國背負巨額賠款的英國等各國對決及排外主義，在一九三三年成為了執政黨。

在國際情勢益發緊張之際，英國王室出現了前所未有的麻煩。一九三六年即位的愛德華八世愛上了已婚的美國籍女性華麗絲．辛普森，這在英國當時的上流社會是不被允許的事。愛德華八世為了與華麗絲結婚而選擇退位，由他的弟弟約克公爵即位成為喬治六世。外界便以「愛美人不愛江山」這句話形容這場騷動。由於愛德華八世（退位後為溫莎公爵）對於德國的納粹政權抱持友好態度，後來遭王室疏遠。

英國一開始試圖與納粹政權維持友好關係，因此默認了德國派軍進駐第一次世界大戰時遭法國奪去的萊茵蘭（萊茵河沿岸地方）等擴張領土的舉動。

德國在一九三八年併吞了奧地利，同一年由英、法、德、義四國元首聚集召開的「慕尼黑會議」中，英國首相張伯倫又同意德國進一步併吞捷克斯洛伐克的蘇台德地區。張伯倫原以為對德國讓步可以避免發生戰爭，但他這不切實際的期待最終遭到了背叛。

不放棄倫敦

一九三九年九月，德國入侵波蘭，爆發了第二次世界大戰。三年前代替兄長愛德華八世即位的喬治六世雖然健康狀況不佳，且有嚴重的口吃問題，但仍在戰時發揮了強大的領導能力。

開戰隔年的五月，德軍大舉入侵法國。在英國民眾人心惶惶之際，溫斯頓・邱吉爾上台就任首相。邱吉爾的祖父是名門貴族馬爾博羅公爵，年輕時曾加入陸軍參與南非戰爭（波耳戰爭），在第一次世界大戰初期擔任海軍大臣。從過去以來，邱吉爾便一直主張正面對抗德國。

邱吉爾立即派遣援軍前往法國，但德國擁有速度傲人的戰車部隊與空軍，僅用了六個多禮拜便攻入巴黎，令法國投降。英國派遣的部隊及法軍的剩餘兵力等盟軍殘存人員逃到了英國。

德國將大部分的法國交給選擇屈服的貝當元帥統治，主張對抗德國到底的夏爾．戴高樂（後來的法國總統）等人則組成了「自由法國軍」，在英國的保護下持續作戰。

德國計畫越過多佛海峽入侵英國，為了先一步搶下制空權，於是派出空軍攻擊倫敦，英國空軍則全力迎擊，這一連串的空戰被稱為「不列顛戰役」。

德國空軍曾多次轟炸倫敦，不過喬治六世選擇留下來鼓舞民眾，在忍受苦難的同時凝聚了國民的向心力。倫敦將地下鐵車站當作臨時防空洞使用，市民也建立起了防備敵機的警戒網。此外，英國還率先採用雷達監視網，藉此加強防禦。

在英國持續抵抗之際，德國於一九四一年六月在歐陸東部向蘇聯開戰，為集中兵力與蘇聯戰鬥，因此放棄了登陸英國的作戰。不過，德軍在大戰後期仍曾經嘗試攻擊倫敦，數度往倫敦發射全世界第一款長程彈道飛彈V2火箭。相對地，在盟軍扭轉局面取得了優勢後，英軍也曾轟炸德勒斯登等德國城市。

排除英國私下協定!?

第二次世界大戰爆發後，美國原本維持中立，但仍提供物資給英國予以協助。一九四一年八月，邱吉爾與美國總統羅斯福會談，並發表了《大西洋憲章》，訂出不擴張領土、各國的經濟合作等戰後國際秩序的基本方針。

同年十二月，日本向美國宣戰。自一九三七年以來，日本就在沒有正式宣戰的情況下與中華民國持續交戰，也就是所謂的中日戰爭。由於英國與美國支持中華民國，因此與日本關係惡化，日本遂與德國、義大利結為同盟，形成軸心國。美國要求日本完全撤出中國大陸，但日本拒絕，最終走向開戰之路。

英國則因為將兵力用在歐洲與德國作戰，在亞洲來不及對日本做出反擊。日軍在開戰後，陸續占領了香港、馬來亞、新加坡、緬甸等英國在亞洲的殖民地，並轟炸英軍位於印度、澳洲的據點。

然而，美國因為與日本開戰而正式投入第二次世界大戰，使得戰局出現變化，美國提供的大量兵力與武器令歐洲戰場的盟軍大為振奮。此外，由於德軍進攻蘇聯的主要城市失敗，盟軍扭轉了情勢。

一九四四年六月，以英美兩國為主的盟軍登陸法國的諾曼第，約兩個月後收復了巴黎。很快地，德國及日本也開始遭受到盟軍轟炸，軸心國的劣勢已經是明確不爭的事實。

一九四五年二月，英國的邱吉爾、美國的羅斯福、蘇聯的史達林等同盟國主要領袖聚集於蘇聯克里米亞半島的雅爾達，進行「雅爾達會議」，商討戰後的處置。

雅爾達會議中羅斯福與史達林還進行了「蘇聯在德國投降三個月後向日本宣戰」的密約，事後才告知邱吉爾。這件事也象徵了戰後的國際社會將由美國與蘇聯兩大強權主導。

不可不知的英國偉人⑦

帶領英國走向勝利的政治家

邱吉爾

Winston Churchill

（1874～1965）

激勵民眾為國家堅持到底

邱吉爾是歷任英國首相中最受英國民眾敬愛的一位。

父親是保守黨下議院議員的邱吉爾在學時的學業成績不佳，後來從軍進入軍校就讀，被分派至陸軍。他在軍旅生涯期間曾參與數場戰爭，退伍後投入選舉，年紀輕輕就當選了保守黨的下議院議員。

他後來加入自由黨，在擔任海軍大臣時遇上了第一次世界大戰，但並未留下耀眼的成績。

邱吉爾回歸保守黨之際，第二次世界大戰爆發。他接受議會請託就任首相，表明會對抗納粹到底。他探視遭德軍轟炸的地區並鼓舞民眾士氣，英國堅持到戰爭結束都沒投降。戰爭結束後，邱吉爾仍繼續擔任議員。

另外，他在戰後寫下了名為《第二次世界大戰回憶錄》的著作，並獲得諾貝爾文學獎。

chapter 8

二十一世紀的英國

象徵冷戰的「鐵幕」

德國在一九四五年五月投降，接著日本也在八月投降，同盟國的勝利結束了第二次世界大戰。鼓舞英國民眾、帶領英國走向勝利的邱吉爾聲勢如日中天。然而同年七月的大選，卻是工黨取得壓倒性的勝利。保守黨的邱吉爾因此下台，由新任首相艾德禮重組內閣。

二戰期間的邱吉爾政權是集結了所有政黨的聯合內閣，因此內閣中也有工黨的成員。工黨的內閣成員在戰時實施了均等分配食物、物資等安定國民生活的政策，因而得到民眾的信任。

艾德禮政權為進行戰後重建，除了推動基礎產業的國有化，並加強健康保險、失業保險、高齡年金等社會保障之外，還打出「從搖籃到墳墓」的口號，也就是實行從出生到死亡都有政府保障民眾生活的政策。

至於戰後的國際社會，身為戰勝國同時也是自由民主國家核心的美國，與領導世界各地新成立的社會主義國家的蘇聯之間，對立（冷戰）愈演愈烈。尤其戰敗的德國分裂成了自由民主國家西德（德意志聯邦共和國）與社會主義政權的東德（德意志民主共和國），成為冷戰的最前線。

邱吉爾卸任首相後於一九四六年造訪美國時曾提到，屬於自由民主陣營的法國、西德等西歐各國，與社會主義陣營的波蘭、捷克斯洛伐克等東歐國家間「拉下了一道鐵幕」，這個詞後來成為了全世界流行的用語。

殖民地紛紛尋求獨立

英國在戰後面臨的一大變化，就是殖民地陸續獨立。除了許多第二次世界大戰期間曾向英國提供兵員及物資的殖民地都出現要求獨立的聲浪外，戰時的英國雖然批判日本、德國擴張領土的帝國主義行徑，但卻難以正當化自己過去同樣曾實行帝國主義的事實。此外，海外駐軍的開銷也是沉重的負擔。

印度在一九四七年獨立，而伊斯蘭教信徒居多的西部與東部地方又另外分出來成為巴基斯坦，東巴基斯坦便是後來的孟加拉。緬甸則在一九四八年獨立，接下來亞洲、非洲、大洋洲等區域的殖民地也先後獨立。

英國王室在戰後對於政治的參與度雖然降低，但仍受到國民一定程度敬重，在與世界各國王室的外交上也扮演了重要角色。

一九五二年喬治六世去世後，由女王伊麗莎白二世即位。二十五歲登基的伊麗莎白二世在位超過六十五年，超越了維多利亞女王的統治期間。

當時以蘇聯為後盾的朝鮮民主主義人民共和國（北韓），與美國在背後支持的大韓民國（南韓）在朝鮮半島爆發韓戰，英國與美國一同出兵支援韓國。蘇聯則繼美國之後開發出了原子彈（核彈），其威脅因朝鮮半島的衝突而進一步加劇。英國則獲得美國提供技術製造出核彈，成為世界上第三個擁有核武的國家。

在中東情勢方面，一九四八年猶太人在交付英國託管的巴勒斯坦建立了以色列。但這引來了原本居住在當地的阿拉伯人強烈反彈，於是以色列與埃及、敘利

二戰後獨立的舊英國殖民地

1946年	約旦
1947年	印度
1947年	巴基斯坦
1948年	錫蘭（現在的斯里蘭卡）
1948年	緬甸
1956年	蘇丹
1957年	馬來亞（現在的馬來西亞）
1957年	迦納
1960年	奈及利亞
1960年	索馬利蘭（現在的索馬利亞）
1960年	賽普勒斯
1961年	科威特
1961年	喀麥隆
1961年	獅子山
1962年	烏干達
1963年	肯亞
1964年	馬拉威
1964年	尚比亞
1961年	南非
1965年	甘比亞
1965年	馬爾地夫
1965年	羅德西亞（辛巴威）
1968年	史瓦濟蘭（現在的史瓦帝尼）
1971年	巴林
1971年	卡達
1971年	阿拉伯聯合大公國
1997年	香港（歸還中國）

※國旗為 2019 年時之樣式

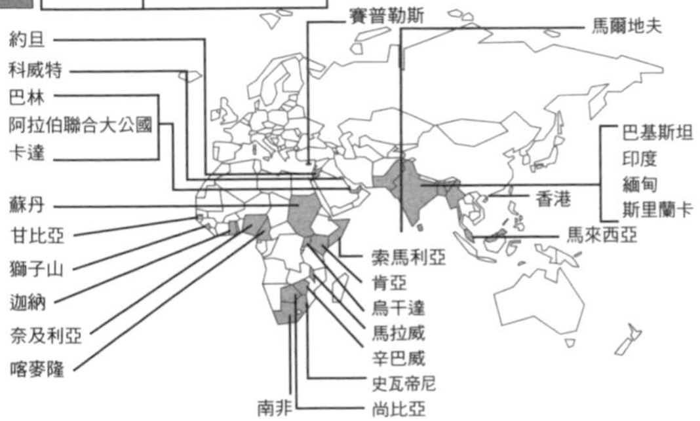

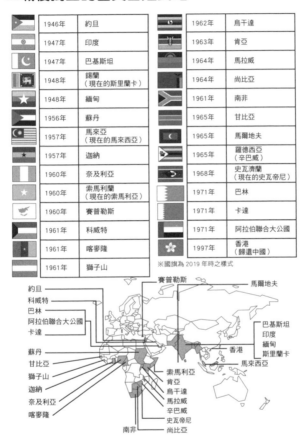

亞、伊拉克等鄰近的阿拉伯國家爆發「第一次中東戰爭」。戰爭雖然以以色列的勝利收場，但被以色列軍隊從占領地驅逐的民眾形成了大量的「巴勒斯坦難民」。

不久後，埃及發生軍事政變推翻王室，就任總統的納賽爾仇視支持以色列的美國、英國等自由民主陣營的大國，因而向蘇聯靠攏。接著，埃及又在一九五六年宣布將蘇伊士運河收歸國有。英國拒絕同意，與以色列、法國一同向埃及發動戰爭，爆發了「第二次中東戰爭」。但埃及擁有國際輿論的支持，英國只得放棄蘇伊士運河，大幅降低了對中東的影響力。

為何會有「英國病」？

法國等自由民主陣營的西歐國家在一九五八年成立了「ＥＥＣ（歐洲經濟共同體）」，廢除了成員國間的關稅，並開放勞工自由移動等。歐洲經濟共同體在一九六七年與西歐其他國際組織整合，並改名為「ＥＣ（歐洲共同體）」，是日後

「EU（歐盟）」的前身。

英國自十九世紀以來奉行「光榮孤立」的原則，外交基本方針是與歐陸各國保持距離，因此國內始終有一派聲音堅定反對加盟EEC，直到一九七二年才在保守黨的希思內閣的推動下成為歐洲共同體的一員。

英國在一九六〇～一九七〇年代由工黨與保守黨交互組閣，工黨的艾德禮政權推行的福利政策在保守黨執政時也延續了下去，但英國的經濟卻在此時陷入停滯。同一時期西德的經濟成長率有約百分之五至九點多，日本為百分之七至十點多，法國則有百分之四至六點多，英國僅停留在百分之三上下。

這種經濟不景氣的現象被稱為「英國病」，原因出在老舊的工業設備及經營體制沒有與時俱進，西德及日本

當時的日本

迎接高度經濟成長期到來的日本在一九六四年舉辦了東京奧運，東海道新幹線也在這一年通車。兩年後，英國樂團披頭四訪日，造成極大轟動。英國拍攝的科幻人偶影集《雷鳥神機隊》也同時在日本創下了高收視率。

的成長使得曼徹斯特等工業地帶的製造業衰退；政府提供了周全的社會保障制度，導致社會失去競爭意識等，說法不一而足。

無論如何，大英帝國在二十世紀前期以前的榮景已不復存在。英鎊對美元的匯率在一九六七年下跌了約百分之十四，美元取代英鎊成為名符其實的國際基準貨幣。

另外在一九七〇年前後，主張北愛爾蘭獨立的IRA（愛爾蘭共和軍）所進行的反英抗爭也愈演愈烈。一九七二年在北愛爾蘭的倫敦德里發生了英軍與民眾衝突，最終導致十四名民眾死亡的「流血星期日」事件。後來IRA曾發動刺殺英軍高階將領路易．蒙巴頓伯爵等多起血腥的恐怖攻擊。

在停滯與混亂之中，英國興起了打破過去貴族與勞工間階級壁壘的新型態大眾

文化。舉例來說，一九六二年上映的諜報動作片《007》系列成為了全球賣座電影。同一年出道的披頭四則是全球唱片累計銷售量超過五億張的超人氣樂團，一九六五年還因為賺取外匯的功績而獲頒勳章。

實力主義者「鐵娘子」

一九七九年，保守黨的瑪格麗特．柴契爾成為英國史上第一位女性首相。她並非過去在保守黨有力人士中居多的上流階級出身，而是一名小店老闆的女兒。一路奮鬥過來當上首相的柴契爾認為，平民應該憑藉自身努力提升地位。

政府積極進行公共投資、實施社會福利政策的方針一般被稱為「大政府」；相反地，縮減政府扮演的角色，交由民間自尋出路的方針則稱作「小政府」。柴契爾採取的是後者，她主張國有企業民營化、縮減「從搖籃到墳墓」的社會福利政策，解決「英國病」。她的政策被稱為「柴契爾主義」，取得了一定成果。但同時

福克蘭戰爭的發生地點

這也導致了貧富差距擴大，自來水局民營化則產生了水費上漲等弊端。

柴契爾執政期間的一九八二年，因位在南大西洋的福克蘭群島（馬爾維納斯群島）的主權問題，英國與阿根廷爆發了「福克蘭戰爭」。這是美蘇冷戰體制下罕見的自由民主陣營國家間的戰爭。

柴契爾果斷地派出了最新型軍艦及戰鬥機等投入戰爭，雙方合計約九百人陣亡，最終由英國獲勝。這次的勝利提升了柴契爾的支持度，她也因為作風強悍而獲得「鐵娘子」的稱號。

蘇聯的共產黨政權於一九九一年垮台，終結了冷戰體制，歐洲整合成了大勢所趨。一九九三年《馬斯垂克條約（歐洲聯盟條約）》生效後，「EU（歐盟）」正式成立，廢除了成員國間的關稅與入境審查。歐盟還發行了歐元做為共通貨幣，不過英國與一部分大英國協成員仍然繼續使用英鎊。

英國原本就一直有來自印度、肯亞等大英國協成員國的移民，由於歐盟成員國的民眾可自由往來於各國，因此在歐盟成立後，英國也增加了許多從東歐、中東經其他歐盟成員國而來的移民。

公投險些造成分裂

一九九七年，工黨的布萊爾政權上台。因蘇聯瓦解，布萊爾檢討了工黨帶有社會主義色彩的政策，融合「第三條路」的理念，兼顧與保守黨政策相近的市場機制與救濟弱勢族群的思維，因而受到支持。

英國與愛爾蘭長年來因為北愛爾蘭的主權問題而對立，一九九八年時終於達成《貝爾法斯特協議》。愛爾蘭承認北愛爾蘭屬於英國，另外也成立了獨立於英國政府的北愛爾蘭議會。差不多同一時期，蘇格蘭議會、威爾斯議會也相繼成立，英格蘭以外地區得到的授權與地方分權又更進一步。

二〇〇一年九月，伊斯蘭激進組織蓋達在美國發動九一一恐怖攻擊，布萊爾政權配合美國布希政權的行動，參與反恐戰爭。二〇〇三年時，又因為獲得伊拉克海珊政權擁有核子武器的情報，參與了美國發起的「伊拉克戰爭」。然而戰事結束後並未在伊拉克發現核武，因而出現了質疑這場戰爭正當性的聲音。

此外，伊麗莎白二世女王的孫子哈利王子自二〇〇七年起，曾投入英軍在阿富汗的反恐任務數年。英國直到現在仍有王室成員應該站在最前線，與國民有難同當的想法。

長久以來，歐洲各國的王室都習慣與同為王室、貴族的對象結婚，不過哈利王子在二〇一八年與美國女星梅根．馬克爾結婚，可說是英國文化接納多元性的一個象徵。

進入二十一世紀後，英國國民的凝聚力以及英國與各國的關係都遭受到嚴峻考驗。二〇一一年倫敦發生了警官誤殺黑人青年的事件，之後演變為全國性的暴動。英國國內的種族對立、失業的年輕人所累積的不滿爆發等複雜的問題交織在一起，成為了動亂的導火線。

蘇格蘭因為擁有一九六〇年代發現的北海油田，所以一直有希望脫離英國，形成獨立經濟圈的聲浪。二〇一四年時蘇格蘭舉行了獨立公投，獨立一事最後以些微之差遭否決。

另外，英格蘭與威爾斯則在二〇一六年舉行了「脫歐（退出歐盟）」公投，獲得過半數民意支持。背後原因在於英國對歐盟的金援所造成的負擔、來自歐盟成員國的大量移民引發了英國民眾的強烈反彈。但也有意見指出了若退出歐盟，對於與歐盟會員國進行貿易可能造成不利影響，以及英國與仍然是歐盟成員國的愛爾蘭間又會產生邊境問題等隱憂。

歷經接近五千年的歲月，好不容易團結在「英國」之名下的這個國家，在二十一世紀又將面臨重大挑戰。

祕密專欄

風靡全球的運動

足球和橄欖球原本其實是同一種運動!?

有不少現代運動都是起源於英國，而後才傳播到世界各地的，足球可說是其中最受歡迎的一種。不過，英國人都稱足球為「football」，而不是「soccer」。

現代足球的雛形建立於十八~十九世紀的英格蘭。當時，上流階級子弟寄宿的學校「公學」會進行踢球玩耍的遊戲。但因為每間學校的規則不一，於是相關人士在一八六三年聚集起來統一規則，後來推廣到了全世界。

「橄欖球」同樣起源於英國，和足球的關係就像手足一樣。

在足球的規則統一以前，是可以用手拿著球跑的。在前面提到的制定規則時，才有了「禁止用手拿球」的規定。結果反對這項規定的人便還是繼續以「可以用手拿著球跑」的規則比賽，最後發展出橄欖球這項用手抱著球跑的運動。

從橄欖球的各種協會、組織在正式名稱中都會使用「Rugby Football」這個字，也可以看出兩者間的關係。

另外，許多人可能都聽過「板球」這項運動，但並不清楚它的規則。事實上，除了英國之外，板球在過去曾是在英國殖民地的印度、大英國協成員的澳洲大為風行的人氣運動。

最後要介紹的則是高爾夫球。據説高爾夫球的發源地是蘇格蘭，聖安德魯斯這座城市便是著名的高爾夫球聖地。歷史悠久的高爾夫球四大公開賽中的英國公開賽也時常選在聖安德魯斯舉辦。

英國的歷史 年表

本年表主要根據書中提到的英國歷史編寫而成。
可以配合下方「世界與日本大事記」進一步加強認識。

年代	英國大事記	世界與日本大事紀
〈紀元前〉		〈紀元前〉
22世紀－20世紀	貝爾陶器人從歐陸渡海來到大不列顛島	世界 編修最古老的法典（21世紀前後）
6世紀	凱爾特人從歐陸渡海來到大不列顛島並定居下來	世界 雅典開始實行民主政治（6世紀）
55－54	凱薩入侵大不列顛島	世界 前三頭同盟成立（60）
43	大不列顛島的中部～南部成為羅馬的行省	世界 羅馬帝國誕生（27）
〈紀元〉		〈紀元〉
60－61	布狄卡發動叛亂	世界 皇帝尼祿迫害基督徒（64）
122	哈德良長城動工興建	世界 奴國王向東漢進獻奴隸（107）
409	西羅馬帝國放棄不列顛尼亞	世界 羅馬帝國分裂為東西（395）

5世紀前期	盎格魯－薩克遜人入侵大不列顛島	世界 法蘭克王國建國（184）
596	基督教正式在英格蘭傳教	世界 穆罕默德出生（570前後）
7世紀	進入七國時代	日本 查理曼大帝即位（800）
825	埃格伯特國王統一大不列顛島 除喀里多尼亞外的地區	世界 法蘭克王國分裂（843）
843前後	肯尼思一世建立阿爾巴聯合王國	世界 黃巢之亂（875）
878	阿佛烈國王大勝丹人	世界 基輔大公國成立（882前後）
9世紀	羅德里統一威爾斯	日本 中止遣唐使（894）
927	英格蘭王國成立	世界 高麗建國（918）
973	開始舉行加冕儀式	世界 神聖羅馬帝國成立（962）
1016	丹人克努特成為英格蘭國王	世界 大越建國（1009）
1066	諾曼王朝開始	日本 院政開始（1186）
1085	威廉一世製作全世界最早的土地登記簿冊	世界 第一次十字軍東征（1096）
1154	金雀花王朝開始	世界 吳哥窟動工（1150前後）
1189	理查一世參加第三次十字軍東征	日本 源賴朝設置守護、地頭（1185）

年代	英國大事記	世界與日本大事紀
1215	約翰國王簽署大憲章	世界 成吉思汗西征開始（1219）
1237	英格蘭與蘇格蘭的國界確定	世界 漢薩同盟成立（1241）
1258	威爾斯公國成立	世界 忽必烈即位皇帝（1260）
1282	威爾斯受英格蘭統治	日本 文永之役（1274）
1314	蘇格蘭軍擊敗英格蘭軍	世界 鄂圖曼帝國成立（1299）
1339	英法百年戰爭開始	日本 室町幕府成立（1336）
1348	黑死病流行	世界 明朝建國（1368）
1381	瓦特・泰勒叛亂	日本 南北朝統一（1392）
1399	蘭開斯特王朝開始	日本 明日貿易開始（1404）
1455	玫瑰戰爭開始	世界 東羅馬帝國滅亡（1453）
1461	約克王朝開始	日本 應仁、文明之亂（1467～77）
1485	都鐸王朝開始	世界 哥倫布發現新大陸（1492）
1534	英格蘭（英國）國教會成立	世界 路德推動宗教改革（1517）
1536	威爾斯併入英格蘭	世界 印加帝國滅亡（1533）

1558	伊麗莎白一世即位	日本 沙勿略赴日（1549）
1588	擊敗西班牙無敵艦隊	日本 天正少年使節訪歐（1582）
1591	莎士比亞的作品首次上演	世界 南特敕令（1598）
1600	設立東印度公司	日本 關原之戰（1600）
1603	斯圖亞特王朝開始	日本 江戶幕府成立（1603）
1605	火藥陰謀事件	世界 伽利略發明天體望遠鏡（1609）
1611	《欽定版聖經》出版，現代英語開始普及	世界 清朝建國（1616）
1628	議會向查理一世提出權利請願書	世界 朝聖先輩（1620）
1640	清教徒革命	日本 島原之亂（1637）
1649	共和制開始	世界 明朝滅亡（1644）
1660	王政復辟	世界 簽訂西發里亞和約（1648）
1666	倫敦大火	世界 遺產戰爭（1667~1668）
1688	光榮革命	世界 凡爾賽宮完工（1682）
1689	頒布權利法案	世界 清朝將台灣納入版圖（1683）
1689	第二次百年戰爭開始	世界 簽訂尼布楚條約（1689）

年代	英國大事記	世界與日本大事紀
1694	設立英格蘭銀行	世界 建立反瑞典同盟（1699）
1707	大不列顛聯合王國成立	世界 普魯士王國成立（1701）
1714	漢諾威王朝開始	日本 享保改革（1716～1745）
1720	南海泡沫事件	世界 瑞典帝國瓦解（1718）
1721	確立責任內閣制度	世界 俄羅斯帝國成立（1721）
1760前後～	工業革命開始	世界 美國獨立（1783）
1801	英國合併愛爾蘭	世界 法國大革命（1789）
1802	制定工廠法（學徒法）	世界 拿破崙稱帝（1804）
1825	斯托克頓和達靈頓鐵路通車	日本 發布異國船驅逐令（1825）
1832	選舉法修法（第一次）	世界 法國七月革命（1830）
1837	維多利亞女王即位	日本 大鹽平八郎之亂（1837）
1851	倫敦舉辦萬國博覽會（第一屆）	日本 日美修好通商條約（1858）
1871	制定工會法	日本 長州五傑訪英（1863）

1875	取得蘇伊士運河所有權	世界 德意志帝國成立（1871）
1901	薩克森－科堡－哥達王朝開始	日本 日英同盟（1902）
1914	第一次世界大戰爆發	日本 二十一條要求（1915）
1917	改名為溫莎王朝	世界 俄國革命（1917）
1922	愛爾蘭脫離英國獨立	世界 簽訂華盛頓條約（1922）
1924	工黨首次取得政權	日本 關東大地震（1923）
1927	大不列顛暨北愛爾蘭聯合王國成立	日本 發生金融恐慌（1927）
1931	西敏法令成立	世界 九一八事變（1931）
1939	第二次世界大戰爆發	日本 日德義三國同盟（1940）
1941	發表大西洋憲章	日本 太平洋戰爭開戰（1941～1945）
1967	加入歐洲共同體（EC，後來的EU）	日本 沖繩歸還日本（1972）
1982	福克蘭戰爭	世界 兩伊戰爭（1980）
1998	貝爾法斯特協議成立	日本 阪神大地震（1995）
2018	舉行脫歐公投	世界 川普政權上台（2017）

参考文獻

『イギリスの歴史を知るための50章』川成洋（明石書店）
『王様でたどるイギリス史』池上俊一（岩波書店）
『物語 イギリスの歴史（上）』君塚直隆（中央公論新社）
『物語 イギリスの歴史（下）』君塚直隆（中央公論新社）
『イギリス史10講』近藤和彦（岩波書店）
『よくわかるイギリス近現代史』君塚直隆編著（ミネルヴァ書房）
『イギリス現代史』長谷川貴彦（岩波書店）
『新版世界各国史11 イギリス史』川北稔編（山川出版社）
『図説 イギリスの歴史 増補新版』指昭博（河出書房新社）
『きちんと理解するイギリスの歴史』内藤博文（河出書房新社）
『イギリスの歴史が2時間でわかる本』歴史の謎を探る会（河出書房新社）
『世界歴史大系 イギリス史1 先史～中世』青山吉信編（山川出版社）
『世界歴史大系 イギリス史2 近世』今井宏編（山川出版社）
『世界歴史大系 イギリス史3 近現代』村岡健次、木畑洋一編（山川出版社）
『スコットランド史 その意義と可能性』ロザリンド・ミスチン編、富田理恵、家入葉子訳（未來社）
『物語 ウェールズ抗戦史 ケルトの民とアーサー王伝説』桜井俊彰（集英社新書）
『世界の歴史9 絶対主義の盛衰』大野真弓、山上正太郎（社会思想社）
『世界の歴史10 市民革命の時代』清水博、山上正太郎（社会思想社）
『世界の歴史11 帝国主義への道』石橋秀雄、山上正太郎（社会思想社）
『世界の歴史7 近代への序曲』松田智雄（中央公論社）
『世界の歴史8 絶対君主と人民』大野真弓（中央公論社）
『世界の歴史11 新大陸と太平洋』中屋健一（中央公論社）
『世界の歴史12 ブルジョワの世紀』井上幸治（中央公論社）
『世界の歴史13 帝国主義の時代』中山治一（中央公論社）
『世界の歴史26 世界大戦と現代文化の開幕』木村靖二、長沼秀世、柴宜弘（中央公論社）
『世界の歴史29 冷戦と経済繁栄』猪木武徳、高橋進（中央公論新社）
『詳説 世界史B』木村靖二、佐藤次高、岸本美緒（山川出版社）
『世界史年表·地図』亀井高孝、三上次男、林健太郎、堀米庸三（吉川弘文館）

[監修]
小林照夫
1941年出生於神奈川縣。關東學院大學榮譽教授，博士（社會學）。除著有《スコットランド産業革命の展開》（八千代出版）、《スコットランドの都市》（白桃書房）、《スコットランド首都圏形成史》（成山堂書店）、《近代スコットランドの社会と風土》（春風社）等作品，編著《イギリス近代史研究の諸問題》（丸善）外，亦曾參與《イギリス文化事典》（丸善）之執筆。

編集・構成／造事務所
設計／井上祥邦（yockdesign）
文字／大河内賢、松田香世、西村まさゆき、佐藤賢二
插畫／suwakaho
版型／原田弘和
照片／PIXTA

極簡英國史

出　　版／楓樹林出版事業有限公司
地　　址／新北市板橋區信義路163巷3號10樓
郵政劃撥／19907596 楓書坊文化出版社
網　　址／www.maplebook.com.tw
電　　話／02-2957-6096
傳　　真／02-2957-6435
監　　修／小林照夫
翻　　譯／甘為治
責任編輯／王綺
內文排版／謝政龍
港澳經銷／泛華發行代理有限公司
定　　價／350元
出版日期／2021年 4 月

國家圖書館出版品預行編目資料

極簡英國史 / 小林照夫監修 ; 甘為治翻譯.
-- 初版. -- 新北市 : 楓樹林出版事業有限公司, 2021.04　面 ;　公分
ISBN 978-986-5572-12-9（平裝）
1. 英國史
741.1　　110001373